Edition Theophanie

BAND 19

MANFRED EHMER

PLATON

als Eingeweihter

Theophania

Verlag für Theurgie
und Metaphysik

Platon als Eingeweihter
Band 19 der Reihe Edition Theophanie
Copyright © 2024 Theophania Verlag
Inhaber: Dr. Manfred Ehmer
Angerburger Allee 9, 14055 Berlin
E-Mail: manfred.ehmer@googlemail.com
Webseite: **https://www.manfred-ehmer.net**

Druck und Distribution: tredition GmbH,
Heinz-Beusen-Stieg 5, 22926 Ahrensburg.

ISBN Softcover: 978-3-384-16820-7
ISBN Hardcover: 978-3-384-16821-4

Abbildungsnachweis:
Coverbild Copyright © Manfred Ehmer.
Abb. S. 42, 51 Wikipedia Commons.
Abb. S 68 pixabay, Abb. S. 71 Bildquelle:
https://br.ifunny.co/picture/platos-
tripartite-soul-plato-three-428-348-bc-
hierarchical-ngKA08wE8. Abb. S. 77:
Handzeichnung des Autors © Manfred Ehmer

Inhaltsverzeichnis

Prolog

In seinem Buch *Les Grands Initiés* (1889) hat sich Edouard Schuré, der bekannte Theosoph und Anthroposoph, auch mit Platon beschäftigt, und er zählt ihn zusammen mit Rama, Krishna, Hermes, Moses, Orpheus und Pythagoras zu den „großen Eingeweihten". Diese bilden eine Kette von Erleuchteten, die immerfort an der Höherentwicklung der Menschheit arbeiten. In Bezug auf Platon sagt Schuré weiterhin:

> Man muss die Kette der großen Eingeweihten wieder zusammenstellen, welche die Initiatoren der Menschheit waren. Dann wird die Kraft eines jeden von ihnen sich vervielfältigen durch die Kraft aller andern, und die Einheit der Wahrheit wird gerade durch die Mannigfaltigkeit ihres Ausdrucks erscheinen. Wie jedes Ding hat auch Griechenland seine Morgenröte, seinen hellen Tag und seinen Verfall gehabt. Es ist das Gesetz der Tage der Menschen, der Erden und der Himmel. Orpheus ist der Eingeweihte der Morgenröte, Pythagoras derjenige des lichten Tags, Plato derjenige der Abenddämmerung von Hellas, eines glühend roten Sonnenuntergangs, der zum Morgenrot eines neuen Tages wird, demjenigen der Humanität. Plato folgt Pythagoras, wie in den Mysterien von Eleusis der Fackelträger dem großen Hierophanten folgte.[1]

Bei seiner spirituellen Weltschau hat Platon konsequent den Ewigkeitsgedanken in den Mittelpunkt gestellt; er betrachtet die Welt schlechthin *sub specie aeternitatis*, unter dem Gesichtspunkt der Ewigkeit, sieht alles Irdische im Licht des Überzeitlich-Göttlichen. Seine aus geistiger Schau geborene Philosophie handelt vom Ewigen — vom göttlichen All-Einen, vom menschlichen Selbst und von der ewig sich selbst erneuernden Schöpfung. Dem liegt in wunderbarer Weise der griechische Kosmos-Begriff, die Vorstellung von der Welt als einem wohlgeordneten Ganzen, zugrunde.

Die Sichtweise, die darin besteht, alles Wirkliche vom Standpunkt des Ewigen, Göttlichen zu betrachten, wird gemeinhin als *Idealismus* bezeichnet. Der Idealismus geht auf die *Ideen*, die Urbilder alles Seienden, zurück. Der Idealismus sagt, nur die Geistes-Urbilder sind real, alles andere ist Illusion und Täuschung, während umgekehrt der Materialismus nur die Materie als das Allein-Wirkliche anerkennt. Der Philosoph Platon (altgriechisch Πλάτων oder *Plátōn*, latinisiert Plato, 428–348 v. Chr.) ist der Urheber und Begründer des Idealismus im Abendland. Zugleich war er ein Mysterien-Eingeweihter, der in hohem Maße die Gabe der geistigen Schau besaß, auf die allein seine philosophischen Erkenntnisse gegründet sind.

Der Name Platons ist weithin bekannt; und doch ist er ein großer Unbekannter. Auf vielen Gebieten der Geistesgeschichte, in Metaphysik und Erkenntnistheorie, in Ethik, Anthropologie, Staatstheorie, Kosmologie, Kunsttheorie und Sprachtheorie hat er Maßstäbe gesetzt, die bis heute noch nicht nachvollzogen worden sind. In den folgenden Kapiteln dieses Buches möchte ich den Versuch unternehmen, den wahren esoterischen Gehalt der Werke Platons sichtbar zu machen. Denn alles im Platonismus ist auf das Ewig-Göttliche, das Ideenhafte, Geistig-Urbildliche ausgerichtet; und alle Mystiker des Abendlandes schöpfen direkt oder indirekt aus diesem Urquell. —

KAPITEL 1
Esoterischer Platonismus

In der Welt der Bücher hat nur Plato Anspruch auf das überschwängliche Lob, das Omar dem Koran erteilte: ‚Verbrennt die Bibliotheken, denn ihr ganzer Wert ist in diesem einen Buch enthalten'. Platons Sätze umfassen die Kulturen der Völker, sind der Eckstein der Schulen, die Hauptquelle aller Literatur. Sie lehren uns Logik, Arithmetik, Geschmack, Ebenmaß, Dichtung, Sprache, Rhetorik, Ontologie, sittliches Verhalten und Lebensweisheit. Nie gab es Betrachtungen von solcher Spannweite. Aus Plato kommt alles, was je geschrieben und unter denkenden Menschen verhandelt worden ist. Unter unseren originalen Köpfen richtet er große Verwüstung an. Er ist der Berg, von dem alle wandernden erratischen Blöcke sich losmachen. Er ist die Bibel seit über zweitausend Jahren. — *Ralph Waldo Emerson*[2]

Die Esoterik in der Philosophie Platons

Wenn man die Entwicklung des griechischen Geistes mit dem Ablauf eines Tages vergleicht, so kann man *Orpheus* den Eingeweihten der griechischen Morgenstunde nennen, *Pythagoras* den Weisen des hellen Mittags, und *Platon* als den Philosophen der Abenddämmerung Griechenlands bezeichnen.

In diesem Buch soll nun ausschließlich, oder doch zumindest vorwiegend, von Platon die Rede sein; von seinem Philosophieren, seinem ständigen Ringen um das höhere Geistige — von seinen Ansichten über die Seele, das Menschenschicksal, die Reinkarnation und den Aufstieg zur geistig-göttlichen Welt. Daher der Titel des Werkes: *Platon als Eingeweihter*. Von ihm geht eine machtvolle Ideenströmung aus, die sich durch die ganze abendländische Kulturgeschichte bis in die Neuzeit hinein hinzieht. Denn wo immer es im Abendland Esoterik gab, vor allem in vorchristlicher Zeit, geht sie auf Platon zurück, der selbst aus noch älteren Traditionen schöpft und als einer der großen Eingeweihten gelten muss.

Andere Geisteskünder des Abendlandes, wie Plotin, Hermes Trismegistos (oder vielmehr, das ihm zugeschriebene *Corpus Hermeticum*), Meister Eckhart und Nikolaus Cusanus, stehen ganz im Bannkreis Platons, sind die Erben seines Werkes, die Fortführer und Vollender dessen, was Platon gewollt und angestrebt hat.

Der Esoterische Platonismus ist die machtvollste spirituelle Strömung in Europa; sie bildet den Hauptstrom einer *Ewigen Philosophie* oder *philosophia perennis*, die sich als eine unveränderliche Weisheitstradition durch die Jahrhunderte der abendländischen Kulturgeschichte hinzieht. So wie Indien seine *Upanishaden* und seine *Bhagavad Gita* hat, so besitzt das Abendland die Schriften Platons, die es in ihrer Tiefe und geistigen Spannweite erst noch zu erschließen gilt.

Wer war Platon eigentlich, was ist über sein Leben bekannt? – Als Spross einer hochangesehenen Athener Adelsfamilie wurde er im Jahre 427 oder 428 v. Chr. geboren. Als junger Mensch warf er sich zunächst in die Politik seiner Heimatstadt; aber voll Ekel gegen das korrupte politische Treiben seiner Zeit zog er sich ebenso schnell aus der Politik wieder zurück und wandte sich der Philosophie – seiner eigentlichen Lebensaufgabe – zu. Als Zwanzigjähriger traf er seinen Lehrer Sokrates, eine allerdings eher legendäre Figur, dessen Schüler er acht Jahre lang blieb. Nach dem Tod seines Meisters begab er sich auf ausgedehnte Studienreisen, die ihn nach Kleinasien, Ägypten und Unteritalien führten.

Möglicherweise kam Platon in Ägypten mit dem dortigen Priesterstand in Berührung und wurde – wie Pythagoras – in die ägyptischen Mysterien eingeweiht. In Unteritalien nahm er die Lehren der orphisch-pythagoreischen Esoterik in sich auf. Nach Athen zurückgekehrt, gründete er dort im Jahr 387 v. Chr. seine eigene philosophische Schule, die sogenannte Akademie.

Dass Platon ein Mysterien-Eingeweihter war, der mit Geistesaugen die übersinnliche Welt direkt wahrnehmen konnte, das kommt in seinen zahlreichen, meist in Dialogform abgefassten Schriften immer wieder zum Ausdruck. Allerdings offenbart sich die Esoterik Platons nur dem in die Tiefe Blickenden. Man muss sie gleichsam zwischen den Zeilen lesen, aus Andeutungen und Seitenbemerkungen herausspüren, denn den inneren esoterischen Kern seiner Lehre hat Platon niemals der schriftlichen Form anvertraut: „Von mir selbst gibt es keine Schrift über diese Gegenstände, noch dürfte eine solche erscheinen; derartiges lässt sich in keiner Weise wie andere Lehren in Worte fassen, sondern bedarf langer Beschäftigung mit dem Gegenstande und des Hineinlebens in denselben; dann aber ist es, als ob ein Funke hervorspringe und ein Licht in der Seele entzündete, das nun sich selbst erhält."[3]

Platon hat also – wie alle Esoteriker, wie die keltischen Druiden, wie die Brahmanen Indiens – gewisse Dinge öffentlich gelehrt, andere Dinge aber wohlweislich für sich behalten. Aber selbst dem öffentlich Gelehrten liegt deutlich erkennbar Einweihungswissen zugrunde, worüber die dialektische Rhetorik und der stark ausgeprägte Intellektualismus der platonischen Dialoge nicht hinwegtäuschen können. Platons geistiges Ringen und Streben richtete sich immer und in erster Linie auf das Überzeitliche, Ewige, Göttliche, auf die unvergänglichen Urbilder des Seins, die er *Ideen* (von griech. *eidos*, das Bild) nannte. Dass alle sinnlich wahrnehmbaren Dinge nur Nachbildungen der ewigen Urbilder sind, war für Platon ein zentraler Lehrinhalt. Seine Ideenlehre stellt das erste in sich geschlossene System abendländischer Metaphysik dar.

Die Seele des Menschen, so lehrt Platon, stammt aus der höheren Geisteswelt, und ihr Wissen um das Gute ist eine Erinnerung an das dort Gesehene: „Weil nun die Seele unsterblich ist und oftmals geboren und alle Dinge, die hier und in der Unterwelt sind, geschaut hat, so gibt es nichts, was sie nicht in Erfahrung gebracht hätte...“[4] Der Gedanke der wiederholten Erdenleben, der Reinkarnation, war für Platon selbstverständlich, und an manchen Stellen seines Gesamtwerkes gibt er auch Hinweise auf das nachtodliche Leben des Menschen. Die Seele des Weisheitsliebenden, so heißt es etwa im Dialog *Phaidon*, geht „in das Reich, das ihrem Wesen ähnlich ist, das unsichtbare, göttliche, unsterbliche und geistige. Und dort erwartet sie das Glück, Freiheit von Irrsal, Unvernunft und Angst, von wildem Liebestaumel und was es sonst an Übel bei den Menschen gibt. Und wie es von den Trägern der Mysterienweihen heißt: sie leben wahrhaftig und in alle Ewigkeit im Kreis der Götter“[5]. Den Kern seiner Ideenlehre hat Platon in seinem berühmten *Höhlengleichnis* dargestellt (*Politeia*, Buch VII), einem Sinnbild für die Daseinssituation des Menschen überhaupt. Da heißt es:

> Und jetzt will ich dir ein Gleichnis für uns Menschen sagen (...). Denke dir, es lebten Menschen in einer Art unterirdischen Höhle, und längs der Höhle zöge sich eine breite Öffnung hin, die zum Licht herauführt. In dieser Höhle wären sie von Kindheit an gewesen und hätten Fesseln an den Schenkeln und am Halse, so

dass sie sich nicht von der Stelle rühren könnten und beständig geradeaus schauen müssten. Oben in der Ferne sei ein Feuer, und das gäbe ihnen von hinten her Licht. Zwischen dem Feuer aber und den Gefesselten führe oben ein Weg entlang. Denke dir, dieser Weg hätte an seiner Seite eine Mauer, ähnlich wie ein Gerüst, das die Gaukler vor sich, den Zuschauern gegenüber, zu errichten pflegen, um darauf ihre Kunststücke vorzuführen. (...) Weiter denke dir, es trügen Leute an dieser Mauer vorüber, aber so, dass es über sie hinwegragt, allerhand Geräte, auch Bildsäulen von Menschen und Tieren aus Stein und aus Holz und überhaupt Erzeugnisse menschlicher Arbeit.[6]

Die in der Höhle Gefesselten vermögen diese Gegenstände nicht zu sehen, sondern nur deren Schatten, die durch das von hinten her einströmende Licht an die Höhlenwand projiziert werden. Platon hat mit diesem Gleichnis sagen wollen, dass das von uns als Wirklichkeit Wahrgenommene nur Schatten ist im Vergleich zur höheren Wirklichkeit der geistigen Welt. Dort befinden sich die geistigen Urbilder aller Dinge, die Ideen, die Goethe später als Urphänomene bezeichnete. Der geistige Aufstiegsweg des Menschen besteht nach Platon nun darin, dass er – immer noch ein halbblinder Höhlenbewohner – seine Fesseln sprenge, sich herumwende und Schritt um Schritt zur Lichtquelle heraufsteige. Anfangs wird er wie geblendet sein von der Strahlkraft des Lichts, war doch sein Auge bisher nur an Dunkelheit gewohnt. Erst allmählich, im Zuge des Aufstiegs, wird sein Auge die Fülle des Lichts überhaupt ertragen können. Schließlich, außerhalb der Höhle angekommen, wird er die wahre Welt in ihrer eigentlichen Gestalt sehen können – und er wird befreit sein, weil er ein Sehender, ein Wissender geworden ist.

Nur in der geistigen Welt waltet wirkliches Licht, und der Urquell allen Lichts ist das Göttliche als die geistige Ur- und Zentralsonne. Und zweifellos wird der Mensch noch viele Erdenleben durchlaufen müssen, bis er in die Lage kommt, in der geistig-urbildlichen Lichtwelt göttlicher Wesenhaftigkeit anzukommen. Allerdings zeigt sich in diesem *Höhlengleichnis* Platons deutlich ein weltfeindlicher Zug, eine Entwertung des Diesseits, das als bloße Schattenwelt gesehen wird. Die asketische Weltverneinung des Buddhismus, die Diesseitsfeindlichkeit orientalischer Gnosis und der indischen Maya-Lehre, ja selbst die christliche Diffamierung der Welt als Jammertal, alle diese Formen und Spielarten religiös begründeter Materieverachtung stehen der Metaphysik Platons näher als die einheitliche Weltschau der Vorsokratiker, die Geist und Materie als zwei Pole einer übergeordneten All-Einheit erschauen konnten.

Der Tod der alten Götterwelt, dieser polytheistischen Naturreligion der Ur-Griechen, der Niedergang der alten Mysterienweisheit und das Aufkommen einer rein verstandesmäßigen Philosophie – all dies vollzog sich im antiken Griechenland in besonders krasser Weise. Das Griechenland zur Zeit Platons, eine Gesellschaft von Dialektikern, Politikern, Händlern und Volksrednern – das ist nicht mehr das Hellas von einst, die versunkene Welt des homerischen Mythos, eine Welt der tanzenden Bacchantinnen und der rasenden Mänaden, der dionysisch begeisterten Mysten: eine Welt, in der die Menschen mit Göttern und Nymphen verkehrten wie mit ihresgleichen. Verfallen sind die Tempel des alten Hellas, um die Marmorbildnisse gestürzter Götter rankt sich Efeu, und Wolken umhüllen den Gipfel des Olymp. An die Stelle lebendiger Göttervielfalt und durchgöttlichter Natur trat das blasse Begriffsgerüst philosophischer Schulsysteme. Auf dem Weg vom Mythos zum Logos, dem eigentlichen Schicksalsweg des Abendlandes, sind die Griechen den anderen Völkern Europas mit unerreichter Schnelligkeit vorausgeeilt.

Das Erbe der Orphischen Mysterien

Platons Lehre ist von der Orphik in der Tat stark beeinflusst; es wäre denkbar, dass der Philosoph auf seinen Reisen durch das damals griechisch kolonisierte Unteritalien auf Orphiker-Gemeinden stieß, die ihn aufnahmen und evtl. in ihre Geheimlehre einweihten. Aus der Orphik hat Platon jedenfalls die Ideen der Erlösung und der Seelenwanderung übernommen, die in seinen Schriften vorkommen; alles bei Platon, das sich auf ein jenseitiges Heil und auf das Ewige richtet, ist im Grunde genommen „orphisch".

In einem seiner Dialoge bezieht sich Platon ausdrücklich auf die Orphiker, wenn er vom Körper sagt, dass er das Grabmal (oder der Kerker) der Seele sei: „Denn einige halten ihn für das Grabmal der Seele, als wäre sie im jetzigen Leben begraben. (...) Doch haben meiner Ansicht nach eigentlich die Anhänger des Orpheus diesen Namen aufgestellt, weil nach ihnen die Seele für ihre Vergehen zu büßen hat. Sie habe aber im Leibe einen Umbau, nach dem Bilde eines Gefängnisses, damit sie darin aufbewahrt werde."[7]

Die von Orpheus begründete geheime Mysterienschule, aus der später die des Pythagoras hervorging, war logenartig organisiert und hatte mehrere Grade (zum Beispiel den des Hirten) aufzuweisen. Noch in der römischen Kaiserzeit, ja bis ins 3. Jahrhundert n. Chr. hinein, gab es diesen Geheimbund mit seinen Orphischen Weihen, der sein Zentrum in einer Stadt des westlichen Kleinasien, vermutlich in Pergamon, gehabt haben muss.

Tatsächlich war die Orphik *die erste machtvolle spirituelle Bewegung* im antiken Griechenland; und über ihren Einfluss auf Platon und das geistige Klima Athens schreibt W. Nestle (in der Einleitung zu den *Fragmenten der Vorsokratiker*): „Diese orphische Lehre war um die Mitte des 6. Jahrhunderts bis nach Athen vorgedrungen, wo am Hof der Peisistratiden Onomakritos als ihr Hauptvertreter erscheint; aber auch über Großgriechenland muss sie sich frühe verbreitet haben. In den unteren Volksschichten verlor sie sich in ein von viel Aberglauben erfülltes Konventikelwesen. Aber wie sie in ihrem Streben nach Einheit sowohl in der Auffassung der Gottheit als der Welt unverkennbare rationale Elemente enthält, so haben auch ihre mystischen Ideen auf viele der vorsokratischen Denker und dann namentlich auf Plato mehr oder minder stark eingewirkt."[8]

Die eigentümliche Verbindung von Musik, Jenseitsreise und spiritueller Einweihung scheint für die Gestalt des Orpheus typisch zu sein; eine Ähnlichkeit mit den in Westeuropa heimischen Barden, den singenden und harfespielenden Eingeweihten der Kelten, tritt deutlich ins Auge. Worin aber besteht der Kern und das Wesen der Orphischen Mysterien?

Die angeblich von Orpheus verfassten Hymnen befinden sich in einer Sammlung von Liedtexten, die den Titel *Orphische Hymnen* trägt. Orpheus als Verfasser ist ebenso legendär wie Homer als Verfasser der *Ilias und Odyssee* oder der *Homerischen Götterhymnen*. Auf jeden Fall dienten diese *Orphischen Hymnen* in ihrer endgültigen Form (auch in Deutsch, übersetzt von J. O. Plassmann) dem Mysterienbund der Orphiker als Liederbuch, ja wohl auch als Kultbuch.

Zahlreiche Gottheiten werden in diesen Liedern der *Orphischen Hymnen* angerufen, neben Dionysos auch die Große Göttermutter, die Mondgöttin Selene sowie zahlreiche schemenhafte Naturgeistwesen, die Nymphen, Nereiden und Satyrn – ja selbst die Nacht, die Sterne und der Äther werden durch die Macht des Gesanges beschworen. Wir haben Grund zu der Annahme, dass die Initiation im Sinne der *Orphischen Hymnen* ein Weg stufenweiser Natureinweihung gewesen ist, der zuletzt zur Erkenntnis der Allbeseeltheit und Allbelebtheit des Kosmos hinführt.

Es ist vor allem ein Geist feierlicher und weihevoller Naturverehrung, der aus den *Orphischen Hymnen* zu uns spricht; und der Gott Dionysos, Sohn des Zeus und der Semele, der – wie die Sage zu berichten weiß – von Nymphen großgezogen wurde, tritt uns dort entgegen als ein universaler Weltengott, dem alle Kräfte des Lebendigen zu Diensten stehen.

Dionysos, zweifellos der Haupt- und Zentralgott der Orphik, stammt ursprünglich aus Thrakien. Dieses wilde zerklüftete Gebiet im Norden galt den Griechen stets als etwas Fremdes, Unheimliches. Dionysos gehörte ursprünglich nicht in den Kreis der lichten olympischen Götter, sondern in den der chthonischen Urwesen: ein Vegetations- und Fruchtbarkeitsgott, verbunden vor allem mit Wein, Rausch und Ekstase. Bacchantinnen, wild tanzende, ekstatisch verzückte Frauen, so hießen ursprünglich die Anhängerinnen des Dionysos-Kultes, die es verstanden, sich durch Tanz in einen Zustand rauschhafter Selbstvergessenheit hineinzusteigern. Die Orphiker betrachteten den „zweimalgeborenen" Dionysos als den Stammvater des Menschengeschlechts, worüber ein entsprechender Mythos Auskunft gibt:

Göttervater Zeus zeugte zusammen mit der Regentin der Unterwelt Persephone den Knaben Zagreus, der auserkoren war, künftiger Weltherrscher zu werden. Die finsteren Widersacher der Götter jedoch, die lehmig-plumpen Titanen, lockten den vielgestaltig verwandelten Zagreus in einen Hinterhalt, zerstückelten ihn, fraßen ihn auf – nur das Herz blieb übrig. Athene brachte es Zeus, der es verspeiste, woraufhin er zusammen mit Semele den Bakchos zeugte. Zagreus ist der gemordete Dionysos, Bakchos der wiedergeborene und auferstandene Dionysos!

Die frevlerischen Titanen aber verbrannte der zürnende Zeus mit seinem Blitzstrahl zu Asche; aus der Asche formte er das Menschengeschlecht. Da die Titanen sich den Gottsohn Dionysos einverleibt hatten, waren sie auch voll göttlich-lichthafter Elemente, die in das neugeformte Menschengeschlecht eingingen. Daher, so lehren die Orphiker, tragen die Menschen seit urher zwei Seelenanteile in sich: einen irdisch-titanischen und einen göttlich-dionysischen. Die Aufgabe wahren Menschentums besteht nach den Lehren der Orphik darin, dass der Mensch den in ihm wohnenden göttlichen Funken, der unbewusst in ihm schlummert, wachrufe und freisetze. Die niedere titanische Natur soll damit zugleich Schritt um Schritt überwunden werden.

Der zu den lichten Höhen des Göttlichen hinführende Menschen-Weg der Orphik beginnt natürlich mit der Annahme der Orphischen Weihen; die Geweihten verpflichten sich zu einer gottgemäßen Lebensweise, die als eine streng diätetische und asketische gedacht war. Thassilo von Scheffer sagt in seinem Buch *Hellenische Mysterien und Orakel*: „…nur linnene Kleider durften getragen werden, wollene Gewebe waren verboten, der Genuss von Fleisch war untersagt, und dieser erste Vegetarismus des Abendlandes steigerte sich sogar zur Ablehnung des Lebenskeime bergenden Eies, dessen Verzehrung als Tötung aufgefasst wurde. (...) Die Orphik fasste eben ganz ungriechisch das leibliche Dasein als ein schlackenbelastetes auf, das der inneren Reinigung und Läuterung durch Abstoßung der titanischen Elemente bedürfe und eigentlich nur eine Durchgangsstation für ein jenseitiges Leben bedeute. Aber auch dieses war nicht von Dauer, denn die Orphik lehrte die Seelenwanderung, einen langen Kreislauf durch verschiedene Stationen zur Erlangung wahrer endgültiger Reinheit bis zum Eingehen in Gott. Erstaunt glaubt man indische Lehren zu hören..."[9]

Die Orphik trägt zweifellos „ungriechische" Züge in sich; keine Spur von dem naiven Weltglauben und der frohen Leichtlebigkeit der Griechen, ihrer Freude an stolzem selbstbewusstem Menschentum. Denn die Orphiker betrachteten, gleich den altindischen Brahmanen, das irdische Leben nur als eine Pilgerreise zu einem eigentlich außerhalb der Welt liegenden göttlichen Lichtreich; daher kommt ein gewisser Zug zum Asketischen in die Orphik hinein sowie ein Hang zur ekstatischen Mystik. Urindisches begegnet uns auch im Schöpfungsmythos der Orphiker; dieser lässt die Welt aus einem gigantischen Ur-Ei entstehen, das die Urgöttin der Nacht – ein tiefdunkler Weltenschoß – einst gelegt hatte. Und so lauten die überlieferten Worte:

„Aber die Orphiker sagen, dass die schwarzgeflügelte Nacht, eine Göttin, vor der selbst Zeus in Ehrfurcht stand, vom Wind umworben wurde, und dass sie ein silbernes Ei im Schoß der Dunkelheit legte; und dass Eros, den manche Phanes nennen, diesem Ei entschlüpfte und das All in Bewegung setzte..."[10] Dieser Gott Eros, der dem Welten-Ei entspringt, taucht im altindischen

Weltschöpfungsmythos auf als das Urwesen Brahma, das aus dem Goldenen Ei Hiranya-Garbha geboren wird. Dieses Ur-Ei schwimmt als der Werde-Keim allen Seins äonenlang im Ozean, bis es von dem symbolischen Schwan Hamsa, dem einzigen Vogel in jener Urwelt, ausgebrütet wird. Das kosmische Ei ist also der Urzeugungs-Same, aus dem alle späteren Dinge hervorgehen werden.

„Dieser Same", so heißt es in einer Nacherzählung des Mythos, „entwickelte sich zu einem goldenen Ei, das wie die Sonne glänzte und in welchem (...) Brahma geboren werde, er, der Urvater aller Welten. Nachdem er ein Jahr in dem Ei geruht hatte, spaltete Brahma es durch seinen bloßen Gedanken in zwei Hälften. Aus den beiden Schalen bildete er nun den Himmel und die Erde, dazwischen stellte er den Luftraum, die acht Weltgegenden und den ewigen Ort des Wassers. So ordnete Brahma die Welt an."[11] Der Mythos vom kosmischen Ur-Ei wie auch der Gedanke der Seelenwanderung und die Betonung der Askese als Mittel des geistigen Aufstiegs lassen die Orphischen Mysterien und den indischen Brahmanismus als zwei Pole einer einstmals universalen, West und Ost gleichermaßen umfassenden esoterischen Urreligion erahnen.

Daneben lassen sich in der Orphik auch Züge einer naturreligiösen Mystik sowie Restbestände einer matriarchalen Urreligion auffinden; in den Hymnen an die weiblichen Urgestalten Rhea und Demeter – einst hochverehrte Göttinnen, Urmütter der griechischen Religion – lebt wohl noch die Erinnerung an ein einstiges Matriarchat der frühen Mittelmeerkulturen fort. Die große Naturnähe der Orphik zeigt sich etwa darin, dass den Nymphen und Nereiden, den scheuen Quellgeistern und Wassernixen, die nur das hellschauende Menschenauge wahrzunehmen vermag, Hymnen dargebracht werden. Eine ins Gigantische gesteigerte Gestalt ist jedoch die des Naturgottes Pan. Der große, der gewaltige Pan! Nicht ein idyllischer Waldgott, nicht ein von den Hirten Arkadiens verehrter Lokalgott ist er hier, sondern – „Herrscher im Weltall", „die Gesamtheit des Alls", ja „wahrer Zeus".

Alles Lebende – Mensch, Erde und Kosmos – ist Teil und Glied des großen Pan. Der Pan ist also das All: der beseelte Weltenraum mit seinen zahllosen, durch die Unendlichkeit wirbelnden Galaxien, seinen Myriaden von bewohnten und unbewohnten Welten. Und ein Teil der ewig klingenden Weltharmonie, die Pan auf seiner Flöte spielt, sind vielleicht auch die *Orphischen Hymnen* selbst – „zerstückte Glieder des Urgesangs aller Wesen" nannte sie Herder. Das ist Sprache, die aus dem Mythischen schöpft; die Psalmen, die Edda-Dichtungen, die altindischen Vedas atmen verwandten Geist. Aus diesem Geist mag auch Goethe noch seine *Orphischen Urworte* gedichtet haben.

Platons Ahnherr Pythagoras von Samos

Besonders wegen seiner ethischen Lebensweise ist Pythagoras, wie später Platon schreiben wird (in seinem Hauptwerk *Politeia*), „aufs höchste verehrt worden, und seine Anhänger heben sich noch heute durch ihre sogenannte pythagoreische Lebensweise von den übrigen Menschen deutlich ab"[12].

Der erste Europäer, der sich selbst einen Philosophen, einen Freund der Weisheit nannte, war der Weise *Pythagoras von Samos* (569–471 v. Chr.), ein wahrhaftiger Komet am Geisteshimmel des Abendlandes. Pythagoras verstand sich nicht als Philosoph im heutigen Sinne, sondern das Ziel seiner Bestrebungen lag darin, das

Einweihungswissen der Mysterien geistig zu durchdringen. Solche Durchdringung bedeutete für ihn der Inbegriff aller Weisheit. Philosophie, Esoterik, Musik, Heilkunst und Mathematik, die eher Zahlenmystik war als Rechnerei, wurden von Pythagoras zu einer universalen Harmonielehre zusammengeschlossen, die sowohl zur Erkenntnis des Göttlichen als auch zu einer dementsprechenden Lebensführung hinführen sollte.

Über das Leben des Pythagoras wird uns berichtet, dass er seine Heimat Samos, eine Insel vor der ionischen Küste Kleinasiens, schon in jungen Jahren verlassen hatte. Zunächst ging er nach Sidon, wo er sich in die Mysterien und Kulte der Phönizier einweihen ließ; dann wandte er sich nach Ägypten. Dort blieb er angeblich 22 Jahre lang. In Heliopolis und Theben wurde er mit den hocherhabenen Lehren ägyptischer Sonnen-Weisheit bekannt gemacht. Ja, er erhielt selbst die Priesterweihen und wurde damit zum Träger des von den Ägyptern gehüteten uralten Einweihungswissens, das man als eine tief durchgeistigte Sonnen-Esoterik bezeichnen kann.

Als aber im Jahre 526 v. d. Ztw. der Perserkönig Kambyses in einem seiner Heereszüge Ägypten eroberte, verbannte er zahlreiche ägyptische Priester – darunter auch Pythagoras – in die Hauptstadt seines Reiches, nach Babylon, das wie eine Drehscheibe zwischen Ost und West die Kulturen des Morgen- und des Abendlandes miteinander verband. In Babylon, wo er weitere 12 Jahre blieb, wurde Pythagoras in das Priester-Wissen der Chaldäer eingeführt. Dort kam er auch mit der Weisheit Indiens in Berührung; dort traf er vor allem seinen Zeitgenossen Zarathustra Spitama, den großen arischen Sonnen-Priester und Sonnen-Eingeweihten, den bedeutendsten Religionsstifter Persiens.

Endlich, nach 34 Jahren des Reifens und Lernens in der Fremde, kehrte der Weise von Samos in seine Heimat zurück. Allein er blieb nicht lange auf dieser Insel in der östlichen Ägäis, sondern begab sich zu den Kultstätten von Delphi und Samothrake, schließlich nach Thrakien, um sich dort in die Orphischen Mysterien einweihen zu lassen. Sein Biograph Jamblichos (gest. um 330 n. d. Ztw.) schreibt: „Im ganzen soll Pythagoras in Redeweise und Gesinnung dem Orpheus nachgeeifert haben; auch ehrte er die Götter ähnlich wie Orpheus."[13] Pythagoras, ein wahrhaft universaler Geist, hatte in den Lehren des alten Orients ein ewiges Geisteswissen gefunden, und dieses selbe Geisteswissen fand er wieder in den indoeuropäischen Mysterien der Orphik, den Mysterien des Apollo- und Dionysos-Kultes. Oftmals wird Pythagoras ein Priester des Apollo genannt; aber seine esoterische Philosophie ist das Ergebnis einer weitgespannten Ost-West-Synthese!

Die letzte Station im Leben des Pythagoras war „Großgriechenland" – so nannte man damals die griechischen Kolonien in Unteritalien. Unter den reichen Handelsstädten Großgriechenlands taten sich Sybaris und Kroton besonders hervor. Kroton war es auch, wo der nunmehr 60jährige Pythagoras sich niederließ und seine eigene Schule gründete. Die Schule des Pythagoras – soll man sie einen philosophischen Orden, einen Tempel der Wissenschaft, einen Mysterienbund oder eine kommunitäre Lebensgemeinschaft nennen? Sie war all dies zugleich, eine wahrhaftige Pflanzschule des Geistes, und Pythagoras leitete sie bis zu seinem Tod im Alter von 96 Jahren! Die Schule nahm jedoch, trotz ihrer gewaltigen geistigen Strahlkraft, ein tragisches Ende. Von einem aufgehetzten Mob wurde sie gestürmt und in Brand gesetzt, die Schüler teils getötet, teils vertrieben. Worin bestand nun aber der Inhalt des esoterischen Pythagoreismus?

Die geistige Essenz des Pythagoreertums lässt sich zunächst in zwei Sätzen zusammenfassen, von denen der eine heißt: *Die Welt ist Zahl*; der andere Satz lautet: *Die Welt ist Klang, Ton, Musik.* Beide Sätze hängen miteinander zusammen, denn die Zahl kann auch tönen, und den Zahlengesetzmäßigkeiten entsprechen Tonharmonien. Von besonderer Wichtigkeit waren die kosmischen Ur-Zahlen von 1 bis 10, die gleichsam als Emanationen des kosmischen Ur-Geistes angesehen wurden. Die Zahlen, unmittelbar aus Gott hervorgegangen, sind somit die Schöpfungs-Urprinzipien, und ihre Abbilder finden sich überall im Geschaffenen. In diesem Sinne sagt Philolaos, ein Schüler des Pythagoras: „Alles, was man erkennen kann, lässt sich auf eine Zahl zurückführen; ohne eine solche ist es unmöglich, irgendetwas sich vorzustellen oder zu erkennen. (...) Nicht nur in der Geister- und Götterwelt sieht man die Natur und die Kraft der Zahl ihre Stärke betätigen, sondern auch überall in allen menschlichen Werken und Worten, in allen technischen Arbeiten und in der Musik."[14] Da die Addition der Zahlen 1, 2, 3 und 4 die Zahl 10 ergibt, galt die Zehn bei den Pythagoreern als ein Symbol für die Ganzheit der Welt schlechthin. Diese pythagoreische Weltformel wurde in jenem Sinnbild ausgedrückt, das unter dem Namen *Tetraktys* bekannt ist.

Die okkulte Zahlenlehre der Pythagoreer war weder eine rein wissenschaftliche Mathematik – dies wohl auch, aber nicht ausschließlich – noch gar irgendeine abstruse orientalische Zahlenspekulation, wie dies namentlich in den üblichen Philosophie-Lehrbüchern immer wieder gesagt wird, sondern sie stellte eine echte esoterische Einweihungslehre dar, die der Schüler sich nicht durch Verstandeskraft, sondern durch geistiges Schauen aneignete. In allen antiken Mysterienschulen, auch in der des Pythagoras, wurde das Schauen mit dem Geistesauge gelehrt, ein Schauen oder Sehen, das weit über die Grenzen der sinnlichen Wahrnehmungsfähigkeit hinausreicht und nach der Erkenntnis der höheren geistig-göttlichen Welten trachtet. Es besteht kein Zweifel darüber, dass Pythagoras, ein vielfach Eingeweihter, die kosmischen Ur-Zahlen in diesem Sinne „geschaut" (und zugleich – als Sphärenharmonie – „gehört") hat; er erschaute diese Zahlen als Urgedanken Gottes, die in Ewigkeit fortbestehen.

Von modernen Geistesforschern wird übrigens gesagt, dass im Reich der geistigen Urbilder, auf der höheren Mentalebene, würden wir vielleicht heute sagen, die pythagoreischen Zahlen als schöpferisch-tätige Wesenheiten tatsächlich existieren. Über das Tönen der Zahlen, das nur durch geistiges Hellhören wahrgenommen werden kann, schreibt Rudolf Steiner in seinem Buch *Theosophie* (1904): „Sobald nämlich der ‚Hellsehende' aufsteigt aus dem Seelen- in das Geisterland [die höhere Mentalebene], werden die wahrgenommenen Urbilder auch klingend. Dieses ‚Klingen' ist ein rein geistiger Vorgang. Es muss ohne alles Mitdenken eines physischen Tones vorgestellt werden. Der Beobachter fühlt sich wie in einem Meere von Tönen. Und in diesem Tönen, in diesem geistigen Klingen drücken sich die Wesenheiten der geistigen Welt aus. In ihrem Zusammenklang, ihren Harmonien, Rhythmen und Melodien prägen sich die Urgesetze ihres Daseins, ihre gegenseitigen Verhältnisse und Verwandtschaften aus. Was in der physischen Welt der Verstand als Gesetz, als Idee wahrnimmt, das stellt sich für das ‚geistige Ohr' als ein Geistig-Musikalisches dar. (....) Die Pythagoreer nannten daher diese Wahrnehmung der geistigen Welt ‚Sphärenmusik'. Dem Besitzer des ‚geistigen Ohres' ist diese ‚Sphärenmusik' nicht bloß etwas Bildliches, Allegorisches, sondern eine ihm wohlbekannte geistige Wirklichkeit."[15]

In dem harmonisch klingenden Zahlen-Kosmos hat auch der Mensch seinen Platz: ein ursprünglich gottähnliches Wesen, einst aus dem Göttlichen herausgefallen und nun dazu bestimmt, durch eine lange Kette der Wiederverkörperungen auf der Erde den Weg zu der verlorenen geistigen Lichtheimat zurückzufinden. Aber dieser westlich-abendländische Reinkarnations-Gedanke unterscheidet sich grundlegend von der Seelenwanderungslehre des Buddhismus. Während im Buddhismus die Kette der menschlichen Inkarnationen als ein sinnlos sich drehendes „Rad der Wiedergeburt" gesehen wird, dem es schnellstmöglich zu entrinnen gilt, so ist nach pythagoreischer, auch keltisch-druidischer, überhaupt westlicher Ansicht die Kette der Erdenleben ein Ort der Höherentwicklung und damit ein notwendiges (auch in sich sinnvolles) Durchgangsstadium. Das Ziel des Weltenwanderungsweges der Seele besteht nach Pythagoras darin, sich frei in den Äther zu erheben, um ein „unsterblicher Gott" zu werden.

Der Reinkarnationsweg des Menschen bleibt stets eingebunden in den Gang der kosmischen Evolution, und diese Weltevolution ist nichts anderes als die stufenweise fortschreitende Selbstverwirklichung des Gottesfunkens, der sich von der Mineral-, Pflanzen- und Tierwelt über die Menschenwelt bis in die Höhen der Geister- und Götterwelt zu immer höheren Formen des Bewusstseins hinaufläutert.

Aus einer solchen spirituellen Entwicklungslehre, die selbst im Menschentum nur die Vorstufe zu etwas

Höherem erblickt, entspringt die pythagoreische Ethik. In ihrem Mittelpunkt stand das Verbot, Lebendes zu töten und zu verzehren; es gab somit im Kreis der Pythagoreer weder die üblichen Tieropfer noch überhaupt Fleischgenuss, und zum Zeichen der inneren wie äußeren Reinheit wurden stets weiße (linnene, aber nicht wollene) Gewänder getragen.

Ägyptische Weisheit und Atlantis

Ägypten, diese altehrwürdige Weltkultur mit ihren steinernen Monumenten, ist längst im Staub versunken – und doch erhebt eben dieses Ägypten immer wieder sein geheimnisvolles Sphinxhaupt, bis in unsere Neuzeit hinein, um mit all seinem esoterischen Erbe aufzuerstehen! Schon Pythagoras von Samos ist nach Ägypten gefahren, um dort in die Mysterien der dortigen Priesterreligion eingeweiht zu werden, und Platon schöpft auch aus dem alten, unversieglichen Quellborn ägyptisch-atlantischer Mysterienweisheit.

Erst spät, von der 26. Dynastie an, öffnete sich Ägypten den jungen Nachbarstaaten der Mittelmeerwelt, vor allem dem aufstrebenden *Griechenland*. Es war Pharao Psammetich I. (664–610 v. Chr.), der damit begann, größere Armeen ausländischer Söldner als Hilfstruppen auszuheben, darunter viele Griechen und sogar Karier aus Kleinasien, deren in Saqqara gefundene Grabsteine erst kürzlich entziffert werden konnten. Pharao Amasis (eigentlich Ahmose II., 570–526 v. Chr.) versuchte die ethnischen Konflikte im Inneren seines Landes dadurch zu dämpfen, dass er Privilegien und Handelskonzessionen an ausländische Siedler verlieh. Auf diese Weise entstand das – nur von Griechen bewohnte – Naukratis im Delta des Nil, das sich zu einer Art Freihandelszone entwickelte. Ägypten war die Lehrmeisterin der antiken

Welt, wobei Wissenschaft und Götterwissen noch untrennbar miteinander verschwistert waren.

In die Reihe der Ägyptenbesucher aus Hellas gehört auch *der Weise Solon* (640–561 v. Chr.), dieser große Gesetzgeber und Reformator aus Athen, der dem Bericht Platons zufolge im oberägyptischen Sais mit einem Priester der Göttin Neith in Berührung kam, der ihn über den versunkenen Kontinent Atlantis aufklärte. In den folgenden Worten des Neith-Priesters an Solon, wie Platon sie in seinem *Timaios*-Dialog überliefert, kommt deutlich das überlegene Wissen einer uralten Kultur zum Ausdruck:

Da habe ein hochbetagter Priester gesagt: ach, Solon, Solon! Ihr Hellenen bleibt doch immer Kinder, zum Greise bringt es kein Hellene. – Wieso? Wie meinst du das? habe er, als er das hörte, gefragt. – Jung in den Seelen, habe jener erwidert, seid ihr alle: denn ihr hegt in ihnen keine alte, auf altertümliche Erzählungen gegründete Meinung noch ein durch die Zeit ergrautes Wissen. Im weiteren Verlauf des Gesprächs gibt der Ägypter zu erkennen, dass sich das hier Aufbewahrte als das älteste erhalten habe; denn alles, was sich Schönes und Großes oder in einer andern Beziehung Merkwürdiges begab, das alles ist von alten Zeiten her hier in den Tempeln aufgezeichnet und aufbewahrt.[16]

Die Zahl der erschienenen Atlantis-Bücher geht in die Tausende, und die Bandbreite der Inhalte reicht von seriös-wissenschaftlicher Standard-Literatur wie Otto Mucks *Alles über Atlantis* über den theosophischen Klassiker *Atlantis nach okkulten Quellen* von W. Scott-Elliot bis hin zu reinen Phantasie-Romanen wie *Das Licht von Atlantis* von Marion Zimmer-Bradley. Die ganze Legion der Atlantis-Literatur geht jedoch zurück auf eine einzige, nur wenige Druckseiten umfassende Schrift, die seit rund zweieinhalb Jahrtausenden die Gemüter der Ur- und Frühgeschichtsforscher bewegt hat; eine Schrift, die man ohne Zögern als *den* Klassiker der Atlantis-Literatur bezeichnen kann – auf Platons Dialog *Kritias*.

Platons Atlantis – ist es bloß eine Utopie oder ein versunkener Kontinent? Platon beschreibt genau Natur und Geschichte der Insel Atlantis – die Erlosung der Insel durch den Gott Poseidon; die Verteilung der Herrschaft an seine Söhne, das atlantische Königsgeschlecht; den überquellenden Reichtum der Insel; die Bewässerungsanlagen, die Hafenanlagen und die Hauptstadt mit ihrem weitläufigen Königspalast; auch die Natur des übrigen Landes, die Organisation des Heerwesens, die Regelung der Herrschaft, auf theokratische Weise durch 10 Könige, und die wichtigsten Gesetze. Dabei hat sich Platon mit dem Atlantis-Thema nur ganz am Rande befasst; sein *Timaios*-Dialog, eigentlich naturphilosophischen Fragen gewidmet, enthält einen knappen Exkurs über dieses Thema, wogegen der unvollendet gebliebene *Kritias*-Dialog die Hauptquelle jeder Atlantis-Forschung darstellt. Beide Dialoge zählen zu den Altersschriften Platons.

Der Kritias-Dialog wiederholt, wie gesagt, im Grunde genommen nur den Wortlaut eines Gespräches, das der Weise Solon (640–561 v. Chr.) in Ägypten mit einem Priester der Göttin Neith geführt haben soll. Ägypten, das Land der Pyramiden und der Sphinxe, erweist sich somit als Hüterin der Atlantis-Tradition. Aufzeichnungen des Gespräches mit dem Neith-Priester sind in die Hände des Kritias gelangt, der seinen Bericht über Atlantis einleitet mit den Worten: „So vernimm denn, Sokrates, eine gar seltsame, aber durchaus in der Wahrheit begründete Sage, wie einst der Weiseste unter den Sieben, Solon, erklärte."[17]

Wie eine seltsame Sage liest sich der von Platon verfasste Atlantis-Bericht in der Tat, und Generationen von Gelehrten haben schon darüber gestritten, ob es sich hierbei nur um eine von Platon erdichtete Fabel handelt oder um den authentischen Bericht über eine vor Jahrtausenden untergegangene Hochkultur. Die Überlieferungs-Kette geht jedenfalls über Platon, Kritias und Solon auf jenen unbekannten ägyptischen Neith-Priester zurück. Es sei in diesem Zusammenhang erwähnt, dass Platon nach dem Tod seines Lehrers Sokrates ausgedehnte Studienreisen unternommen hat, die ihn auch nach Ägypten führten, wo er vermutlich mit dem dortigen Priesterstand in Berührung kam. Möglicherweise hat er dort sogar die Urfassung des Atlantis-Berichtes einsehen können, jene geheimnisvollen Papyrusschriften, auf die sich der Priester der Göttin Neith im Gespräch mit Solon bezogen hat.

Noch ein späterer Schüler Platons, ein gewisser Krantor (330–275 v. Chr.), berichtet, dass er in Ägypten die Papyrusrollen eingesehen habe, die den von Platon wiedergegebenen Atlantis-Bericht im Original enthielten. Diese ägyptische Originalfassung befand sich wahrscheinlich noch in der Großen Bibliothek von Alexandria, dem damals weithin bekannten Zentrum antiker Gelehrsamkeit, das mit seinen rund 700.000 Buchrollen im Jahre 47 v. Chr. fast vollständig dem Raub der Flammen zum Opfer fiel. Es gab auch eine Kleine Bibliothek in Alexandria mit gut 40.000 Buchrollen, die im Jahr 272 n. Chr. vernichtet wurde. Welch einen unermesslichen Schatz an ägyptisch-antiker Weisheit hat die Feuersbrunst in Staub und Asche verwandelt!

Ob Platon mit seinem „Atlantis" vielleicht nur ein Phantasiegebilde geschildert hat, das wissen wir nicht. Eines aber ist sicher: Wenn Platons Atlantis in der beschriebenen Form tatsächlich bestanden hat, dann müsste man die Kulturgeschichte der Menschheit noch einmal neu schreiben, und zwar von Anfang an. Alle bisher gültigen Datierungen der Kupfer-, Bronze- und Eisenzeit müssten umgeworfen werden; alle Schulweisheit über die Anfänge menschlichen Kulturwerdens wäre ungültig. Denn wenn Platon recht hat, dann würde das bedeuten, dass es in Atlantis eine mit allen Raffinessen der Zivilisation vertraute Hochkultur gegeben hat, und zwar zu einer Zeit, als Europa noch im Dämmerlicht eiszeitlichen Höhlenmenschentums dahingelebt hat. Nach Platon sind die Atlanter die ersten Kolonisten, Besiedler, Pioniere und Kulturbringer Europas gewesen. Zuletzt hätten sich die Atlanter entschlossen, die Ureinwohnerschaft Europas durch einen einzigen großen Heereszug zu unterjochen; allein der Untergang des atlantischen Inselreiches im Ozean setzte diesem ehrgeizigen Vorhaben ein rasches Ende:

Vor allem zuerst wollen wir uns erinnern, dass zusammengenommen 9000 Jahre verstrichen sind, seitdem, wie erzählt wurde, der Krieg zwischen den außerhalb der Säulen des Herakles und allen innerhalb derselben Wohnenden stattfand, von dem wir jetzt vollständig zu berichten haben. Über die einen soll unser Staat geherrscht und den ganzen Krieg durchgefochten haben, über die anderen aber die Könige der Insel Atlantis, von welcher wir behaupteten, dass sie einst größer als Asien [Kleinasien] und Libyen war, jetzt aber, nachdem sie durch Erdbeben unterging, die von hier aus die Anker nach dem jenseitigen Meere Lichtenden durch eine undurchdringliche, schlammige Untiefe fernerhin diese Fahrt zu unternehmen hindere...[18]

Also zwei ganz deutliche Angaben – jenseits der Säulen des Herakles, der Meerenge von Gibraltar, die ja das Mittelmeer vom Atlantischen Ozean abtrennt; und größer als Asien und Libyen zusammengenommen. Mit Asien ist Kleinasien gemeint, die von Griechen besiedelte Westtürkei; und Libyen ist ein unmittelbar an Ägypten angrenzender Landstrich. Im *Kritias*-Dialog führt Platon aus, dass es auf der Insel Atlantis eine große, durch künstliche Bewässerungsanlagen furchtbar gemachte Ebene gegeben habe, die sich südlich der Hauptstadt weit ins Landesinnere erstreckt habe. Er nennt sie eine „von bis an das Meer herablaufenden Bergen umschlossene Fläche und gleichmäßige Ebene, durchaus mehr lang als breit, nach der einen Seite 3000 Stadien lang, vom Meere landeinwärts aber in der Mitte deren 2000 breit. Dieser Strich der ganzen Insel lief, nordwärts gegen den Nordwind geschützt, nach Süden"[19]. Da 1 Stadion, ein in der Antike übliches Längenmaß, 192 Meter beträgt, war die „große fruchtbare Ebene" von Atlantis 576 km lang und 384 km breit.

So gelangen wir auf Grund dieser Beschreibungen zu der Vorstellung einer Insel ungefähr von der Größe Irlands; es kann aber Irland nicht gemeint sein, denn der Bericht Platons beschreibt die Insel als dicht bewaldet, in den Niederungen sehr fruchtbar, aber auch von riesigen Gebirgen umringt. Diese Beschreibung passt auf die Landesnatur Irlands überhaupt nicht! Wir müssen daher ein tatsächlich untergegangenes Inselmassiv im zentralen Atlantik annehmen. Die meisten Atlantis-Forscher glauben seit Ignatius Donnelly dieses versunkene Eiland auf den Gipfelkämmen des Mittelatlantischen Rückens auf der Höhe der Azoreninselgruppe ansetzen zu können. Da diese Region des zentralen Atlantiks ausgesprochen vulkanreich ist, wäre ein Absinken eines größeren Landmassivs auf Grund vulkanischer Tätigkeit geologisch durchaus denkbar. Überdies befindet sich unterhalb des Mittelatlantischen Rückens die Nahtstelle zweier Kontinentalschollen, der eurasischen und der amerikanischen, die beständig *auseinander* driften!

Atlantis wird geschildert als eine jenseits der Säulen des Herakles liegende Insel, also jenseits der Meerenge von Gibraltar: ein mythisches Land im fernen Westen, Land des Sonnenuntergangs und damit auch Abendland im eigentlichen Sinne, Brückenkopf zwischen der Alten und der Neuen Welt, zwischen Europa und Amerika. Dieser Ort war gewissermaßen die symbolische Weltmitte, der Ort auch, wo die Weltensäule steht, die als Stützpfeiler des Sternenfirmaments Himmel und Erde miteinander verbindet. Dank ihrer strategisch einmalig günstigen Lage im Zentralatlantik konnte Atlantis ein überseeisches Handels- und Kolonialimperium gründen, das Teile sowohl Europas als auch des vorgeschichtlichen Amerika umfasste. Diesbezügliche Andeutungen finden sich auch bei Platon. Lässt er doch den ägyptischen Neith-Priester an einer Stelle ganz deutlich sagen, dass es auch jenseits der Insel Atlantis Festland gäbe,

… denn vor dem Eingange, der, wie ihr sagt, die Säulen des Herakles heißt, befand sich eine Insel, größer als Asien [Kleinasien] und Libyen zusammengenommen, von welcher den damals Reisenden der Zugang zu den übrigen Inseln, von diesen aber zu dem ganzen gegenüberliegenden, an jenem wahren Meere gelegenen Festland offenstand. Denn das innerhalb des Einganges, von dem wir sprechen, Befindliche erscheint als ein Hafen mit einer engen Einfahrt; jenes aber wäre wohl wirklich ein Meer, das es umgebende Land aber mit dem vollsten Rechte ein Festland zu nennen. Auf dieser Insel Atlantis vereinte sich auch eine große, wundervolle Macht von Königen, welcher die ganze Insel gehorchte sowie viele andere Inseln und Teile des Festlandes; außerdem herrschten sie auch innerhalb, hier in Libyen bis Ägypten, in Europa aber bis Tyrrhenien.[20]

Die Kanarischen und Kapverdischen Inseln, die Antillen, Bahamas und die zahlreichen Inseln der Karibik müssen allesamt, der obigen Aussage zufolge, dem Einfluss- und Herrschaftsbereich der Atlanter angehört haben; das der Insel Atlantis „gegenüberliegende Festland" kann nur – Amerika sein! So hat Platon eine großartige Vision entworfen, von der man nie genau wusste, ob sie eine Utopie sein sollte oder die Beschreibung von etwas Wirklichem. Ganze Generationen von Atlantis-Forschern haben sich bemüht, die Umrisse der Urheimat Atlantis auf dem Hintergrund der nacheiszeitlichen Geographie sichtbar zu machen. Hat Atlantis tatsächlich existiert? Wir werden es nie wissen. Aber unbestritten gehört das Atlantis-Thema auch zu dem geistigen Erbe, das uns Platon hinterlassen hat.

Platon und die Mysterien von Eleusis

Platon war offensichtlich in die Mysterien von Eleusis eingeweiht; er erinnert sich noch gut der Zeit, „als mit dem beglückenden Reigen wir im Gefolge des Zeus, andere in dem eines anderen der Götter eines seligen Anblicks und Schauens genossen, und als wir in diejenige der Weihen eingeweiht waren, welche die seligste zu nennen heilige Pflicht ist, und die wir feierten, selbst noch fehllos und unberührt von den Übeln, die in späterer Zeit auf uns warteten, dabei aber (…) beglückende Gesichte mit geweihtem und priesterlichem Auge in reinem Glanze schauend …"[21]

Von welchen Weihen, von welcher Art des Schauens spricht Platon hier? Der älteste und ehrwürdigste Mysterienkult Griechenlands war der Göttin *Demeter* zu *Eleusis* gewidmet.

Angeblich sollen in Eleusis bereits in der frühen athenischen Königszeit um 1500–1300 v. Chr. Kultfeiern begangen worden sein, wahrscheinlich die ältesten Mysterien in Griechenland. Aus der Archäologie wissen wir, dass der Ort Eleusis, 22 km nördlich von Athen, in der Bucht von Salamis gelegen, seit der Jungsteinzeit besiedelt war; erst um 750 v. Chr. wurde er der Polis Athen direkt angegliedert. In den Jahren 1883 bis 1930 hat man durch Ausgrabungen den Tempelbezirk von Eleusis mit seinen riesenhohen Mauern und seinen großen Propyläen-Toren wieder freigelegt, eine wirklich eindrucksvolle Anlage, die fast eher einem Festungsbau als einem Tempel gleicht. Und doch war Eleusis eine Art gesamtgriechischer Wallfahrtsort, zu dem jährlich Tausende pilgerten, um sich in die Mysterien der Großen Mutter Demeter einweihen zu lassen.

Unter der Oberfläche der olympischen Götterreligion, die Allgemeingut und auch Volksglaube war, lag die verschleierte Religion der Demeter-Geweihten verborgen, die das Wissen um die Naturgeheimnisse, um den heiligen Jahreslauf, um Saat und Ernte, aber auch um das Fortleben nach dem Tode enthalten haben mag. Drei Stufen der Einweihung gab es: 1. den *Neophyten*, den noch Einzuweihenden, Neuling und Anwärter auf die Weihen; 2. den *Mysten*, d. h. den Verschleierten, der streng an die Pflicht der Geheimhaltung gebunden war; 3. den *Epopten*, den mit der Gabe der Schau Ausgestatteten, den hellsichtig Gewordenen. Weiterhin unterscheidet man die Kleinen und die Großen Eleusinischen Mysterien, die zeitlich und örtlich unabhängig voneinander vollzogen wurden: die einen nämlich im Frühjahr, die anderen im Herbst. Die Kleinen Mysterien wurden im Monat Anthesterion, dem „Blütenmonat" (Februar / März) zu Frühlingsbeginn gefeiert, und zwar in Agrai am Flüsschen Ilissos am Südrand von Athen. Jeder Neophyt musste an der Kultfeier von Agrai teilgenommen haben, bevor er die eigentlichen Weihen in Eleusis erhielt. Die Teilnahme stand ursprünglich nur Eleusiniern offen; jeder Fremde musste sich zuvor von einem Einheimischen adoptieren lassen, um an der Kultfeier teilnehmen zu können. Daraus entwickelte sich später der Brauch, dass jeder Anwärter auf die Weihen sich einen geistlichen Führer, einen Mystagogen, wählen musste, der ihn unterwies und mit ihm an der Einweihungsfeier teilnahm.

Die Großen Mysterien der Demeter fanden im Monat Boedromion (Sept./Okt.) statt, um den 21. September. Die Neophyten, die bereits im Frühjahr eine Vor-Einweihung empfangen hatten, versammelten sich unter dem sternklaren Nachthimmel; dann zogen sie – von Fackelträgern geleitet – in feierlicher Prozession den 22 km langen Weg von Athen nach Eleusis, welches in schützender Bucht gegenüber der Insel Salamis lag. Bis zu 3000 Menschen mögen an einem solchen Prozessionszug teilgenommen haben. Im Kultbezirk angekommen, begaben sie sich zu den Mysterienspielen; anschließend erhielten sie die Weihen. Vorher ertönte noch der Ruf des Hierophanten, des Oberpriesters, mit dem er die Mysten von den Uneingeweihten trennte; denn letzteren war der Zugang zum heiligen Bezirk bei Todesstrafe verboten! Der Oberpriester gebrauchte dazu (nach Aristophanes) etwa folgende Worte: „Euch allen sag' ich's zum erstenmal, zum zweiten- und drittenmal sag' ich's: Hebt auch all hinweg von dem mystischen Chor! Ihr andern beginnt die Gesänge, beginnt die heilige Feier der Nacht, geziemend dem Fest der Geweihten!"[22]

Streng abgeschieden war der zentrale Kultbezirk von Eleusis, das Telesterion, in dem – geschützt vor dem Zugang der Uneingeweihten – Hymnen erklangen, rhythmische Tänze und Weihespiele aufgeführt wurden. Heilige Mysterienspiele waren es, deren Sinn uns Heutigen verloren gegangen ist; und selbst unter den Damaligen hatten nur Wenige Zugang zu diesen Spielen. *Dromena* nannte man sie, und sie waren wohl eine Art Theaterspiel – aber kein weltliches Theater, sondern die sinnbildliche Darstellung und Aufführung höheren Weltenwebens, das als bestimmend für das ganze Erden- und Menschheitsschicksal erkannt wurde.

Den Höhepunkt der Spiele bildete das Erscheinen der Göttin Kore selbst; mit fremdartig-uralten Kultnamen wurde sie angerufen, die Herrin beider Reiche, der Unter- und Oberwelt, bis sie schließlich aus dem Dunkel der Erdentiefe ins strahlende Licht der Weihenacht hineintrat: eine geistige Schau war dies Erscheinen der Göttin, die dem Mysten den Grad des „Schauenden", des Epopten, verlieh.

Den Geweihten wurde nach Beendigung des Zeremonials eine frisch geschnittene Kornähre – Symbol und Hoheitszeichen der Göttin Demeter – ausgehändigt. Dennoch war die Einweihung in die Demeter-Mysterien zu Eleusis mehr als nur der agrarische Fruchtbarkeitskult einer altmediterranen Bauerngesellschaft, auch wenn viele Symboliken noch an diese Herkunft erinnern. Bezweckt wurde durch die Annahme der Weihen vor allem eine geistige Wiedergeburt des Mysten und ein besseres Weiterleben nach seinem Tode im Jenseits. Die Demeter-Geweihten, und zu ihnen gehörte auch Homer, hatten nach griechischer Vorstellung

ein anderes Schicksal nach dem Tod als die Normal-
menschen. Homer nennt in seinem Hymnus die Eleusinischen Weihen „heilige Bräuche, die keiner verraten,
verletzen, erforschen darf: denn heilige Scheu vor den
Göttern bindet die Stimme. Selig, wer von den irdisch-
en Menschen je sie gesehen! Wer aber unteilhaftig der
Weihen, der findet ein andres Schicksal, wenn verbli-
chen er weilt im dumpfigen Dunkel"[23].

Für Platon, der ja der adeligen Oberschicht angehör-
te, mag es kein Problem gewesen sein, in die Mysterien
von Eleusis eingeweiht zu werden, zumal diese offiziell
zum Staatskult der Athener gehörten. Außer Platon haben auch Sokrates, Aristoteles, Sophokles, Plutarch und
Cicero an den Feiern teilgenommen. Im Prozess der Einweihung ist ihnen das innere Auge geöffnet worden,
das ihnen die Gabe des geistigen Schauens verlieh, die
Platon in seinen Schriften immer wieder erwähnt.

Platon und die indische Geisteswelt

Wenn Platon in der Nachfolge der Orphik und des Pythagoras über die Reinkarnation — die wiederholten
Erdenleben des Menschen — spricht, dann klingt dabei
sehr viel Indisches an. Dies war bei Orpheus auch schon
der Fall. Der antike Autor Clemens von Alexandria
(*Stromata* I, XV) behauptet, Pythagoras sei ein „Hörer
der Galater und Brahmanen" gewesen; damit stellt er
einen direkten Bezug der pythagoreischen Geistesrich-
tung zu Indien her. Sicherlich haben weder Orpheus
noch Pythagoras etwas mit den indischen Brahmanen
zu tun, doch vielleicht kann man hier eine esoterische
Wurzelreligion erahnen, die sich zwischen den Polen
Altgriechenlands und Indiens aufspannt und auf das sa-
genhafte Urvolk der Hyperboreer im Norden Europas
zurückgehen mag.

Wenn Platon in seiner Staatsutopie *Politeia* einen hierarchischen Ständestaat schildert, der von drei Bevölkerungskreisen regiert wird: den Philosophenkönigen, den Wächtern und den Handwerkern – dann denkt man doch gleich an die altindische Kastengesellschaft mit ihren drei Hauptgruppen, den *Brahmanas*, den *Kshatriyas* und den *Vaishyas*, wie sie auch in den heiligen Schriften des Hinduismus beschrieben werden. Dennoch ist hier im Falle Platons eher an eine Geistesverwandtschaft als an eine direkte Beeinflussung zu denken; denn erst durch den Indienfeldzug Alexanders des Großen 326-24 v. Chr. wurde der indische Subkontinent im Abendland bekannt.

Dennoch bleibt die Philosophie und Esoterik Platons der Brennpunkt, in dem Okzident und Orient sich miteinander vermählen, oder zumindest doch eine geistige Symbiose miteinander eingehen können, wie überhaupt Griechenland aufgrund seiner spezifischen Lage den Brückenkopf zwischen West und Ost bildet. Geistige Einflüsse aus Ägypten, Mesopotamien und vielleicht noch ferneren Ländern haben schon immer über Griechenland den Weg in den Westen gefunden. So zeigt sich der Platonismus geeignet, die Basis einer Ost-West-Symbiose im Geistigen zu bilden, in der das gemeinsame Geistesgut Indiens und des Abendlandes zusammenfinden kann.

Dies hat geradezu hellsichtig der große Essayist R. W. Emerson erkannt, der in seinen *Repräsentanten der Menschheit* (1850) Platon ein unvergängliches Denkmal gesetzt hat; er schreibt dort: „Unterdessen nahm Platon in Ägypten und auf seinen langen Reisen durch den Osten die Idee der einen Gottheit auf, in der alle Dinge enthalten sind. Die Einheit Asiens und Europas Zersplitterung ins Einzelne, die Unendlichkeit der asiatischen Seele und das scharf unterscheidende (…) Europa – Plato kam, sie zu vereinigen und durch die Vereinigung die Kraft beider zu verstärken. Das Beste von Europa und Asien ist in seinem Kopf. Europas Geist drückte sich in Metaphysik und Naturphilosophie aus; er gab ihm Asiens Religion als Grundlage."[24]

KAPITEL 2
Platons spirituelles Weltbild

Platon verhält sich zur Welt wie ein seliger Geist, dem es beliebt, einige Zeit auf ihr zu beherbergen … Er dringt in die Tiefen, mehr, um sie mit seinem Wesen auszufüllen, als um sie zu erforschen. Er bewegt sich nach der Höhe, mit Sehnsucht, seines Ursprunges wieder teilhaftig zu werden. Alles, was er äußert, bezieht sich auf ein ewig Ganzes, Gutes, Wahres, Schönes, dessen Förderung er in jedem Busen aufzuregen strebt. — *J. W. Goethe*[25]

Platon ist und bleibt für alle Zeiten der Begründer der idealistischen Philosophie, der Vorkämpfer der Herrschaft des Geistigen im Leben, der Verkünder unbedingter sittlicher Normen für das menschliche Handeln und durch das alles einer der größten Erzieher der Menschheit. — *W. Nestle* (1931)[26]

Platon – Leben und Wirken

Über den äußeren Lebensweg Platons und seine Lebensumstände wissen wir verhältnismäßig genau Bescheid. Laut der Chronik des Apollodor wurde er im Jahre 428 oder 427 geboren, und zwar nach der antiken Tradition am 7. Tag des Monats Thargelion, das ist Mai/Juni, dem mythischen Geburtstag des Gottes Apollon; deshalb hat man ihn für einen Sohn Apollons gehalten. Er wurde in eine wohlhabende Familie des Athener Hochadels hineingeboren, genoss alle Privilegien seines Standes; unter den Ahnen seiner Mutter Periktione war sogar ein Verwandter des legendären athenischen Gesetzgebers Solon. Sein Vater Ariston betrachtete sich als Nachkomme des Kodros, eines mythi-

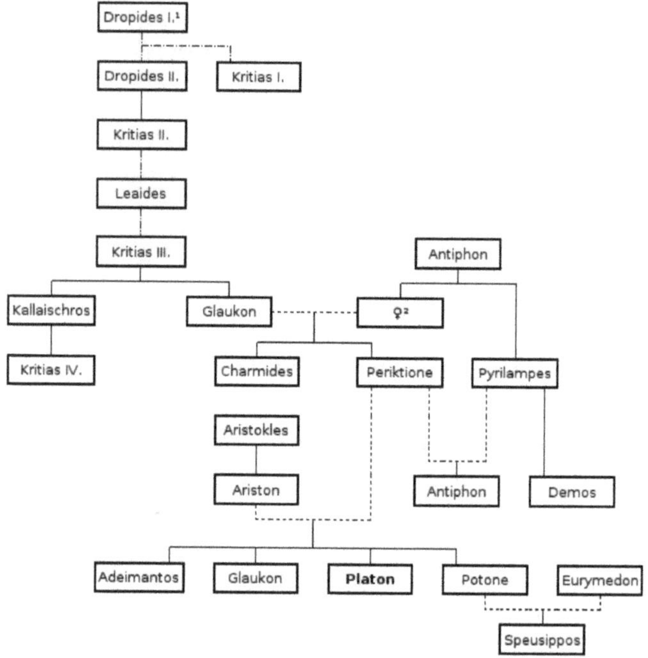

schen Königs von Athen. Es gibt auch die Überlieferung, dass Platon eigentlich den Namen seines Großvaters Aristokles trug – der Name Platon sei nur ein Beiname gewesen, den er in Anlehnung an das griechische Wort πλατύς (*platýs* „breit") erhielt, womit angeblich auf die Breite seiner Stirn oder seiner Brust angespielt wurde. Er muss auf jeden Fall eine athletische Figur gewesen sein: es wird berichtet, dass er in seiner Jugend an den Isthmischen Spielen teilgenommen habe und ein preisgekrönter Ringer gewesen sei. So war Platon ein hochgebildeter junger Aristokrat, der Unterricht in Sport, Grammatik, Malerei, Musik und Dichtung erhalten hatte und zu den führenden gesellschaftlichen Schichten seiner Zeit gehörte.

Weniger günstig waren indes die Zeitumstände, in die Platon hineingeboren wurde. Seine Kindheit und Jugend fällt in die Zeit des *Peloponnesischen Krieges* (431–404 v. Chr.), der mit der Kapitulation seiner Heimatstadt endete; sein Geburtsjahr 428 ist das Todesjahr des Perikles, mit dem ein ganzes Zeitalter, nämlich das Perikleische Zeitalter zu Ende ging. Unter Perikles hatte Athen eine kulturelle Hochblüte und zugleich politische Machtfülle wie nie zuvor erreicht, aber der Krieg endete im Jahre 404 mit dem Sieg der Spartaner und der Einrichtung der Terrorherrschaft der dreißig Oligarchen, was einen allgemeinen Niedergang einläutete. Die Zeit, in der Platon aufwuchs, war somit eine, in der man sich an vergangene Größe erinnerte, die in keinem Verhältnis stand zur trostlosen Realität der Gegenwart.

Man muss hieran also sehen, dass bei Platon von Anfang an gewisse restaurative Tendenzen vorhanden waren, die vor allem in seinem politischen Engangement zutage traten. Seine verschiedenen sozialutopischen Entwürfe, sei es seine *Politeia* oder sein *Atlantis*-Mythos, sind doch alle von einer Sehnsucht nach einem längst dahingegangenen Goldenen Zeitalter durchzogen, das der als unbefriedigend empfundenen Gegenwart gegenüber gestellt wird. Platon war gewiss ein politischer Reformer, aber einer, der sich mehr an der Vergangenheit als an der Gegenwart orientierte.

In seinem berühmten, auch biographisch sehr bedeutsamen *Siebenten Brief* kommt Platon darauf zu sprechen, dass er sich in jungen Jahren zunächst ganz in die Politik geworfen habe: „Als ich noch in meiner Jugend war, ging es mir wie vielen Jünglingen: Ich hatte im Sinn, sobald ich mein eigener Herr geworden war, mich an der Verwaltung des Staates zu beteiligen." Aber die politischen Verhältnisse nach dem Sturz der Oligarchen-Herrschaft und der Wiedereinführung der Attischen Demokratie missfielen ihm auch, und er entwickelte zunehmend Widerwillen und Ekel gegenüber dem politischen Geschäft. Und so zog er sich ebenso schnell aus der Politik wieder zurück, kam jedoch im Rahmen seiner schriftstellerischen Arbeit immer wieder auf politische Themen zu sprechen. Er glaubte jedoch, dass eine völlig neue politische Ordnung vonnöten sei, die im Einklang mit den transzendenten Ideen stünde und ein Abbild der wahren himmlischen Ordnung darstelle — seine Staatsutopie *Politeia*.

Das entscheidende, lebenswendende Ereignis in der Biographie Platons scheint jedoch seine *Begegnung mit Sokrates* gewesen zu sein. Für junge athenische Aristokraten war es zu jener Zeit ganz normal, sich für Philosophie zu interessieren. In die Philosophie wurde Platon von einem gewissen *Kratylos* eingeführt, einem Anhänger Heraklits; aber nicht dieser, sondern Sokrates übte einen entscheidenden geistigen Einfluss auf den späteren Lebensweg des damals 20jährigen Platon aus. Wer war Sokrates? Sohn eines Steinmetzen oder Bildhauers und einer Hebamme, gehörte er eher dem handwerktreibenden Kleinbürgertum an; er hat der Nachwelt auch nichts Schriftliches hinterlassen, und seine Meinungen finden wir nur in den Schriften Platons wiedergegeben. Um 469 v. Chr. geboren, war er zu der Zeit rund 40 Jahre älter als Platon, muss also als eine Art geistiger Ziehvater gewirkt haben.

Sokrates muss im Dialog mit seinen Freunden und Schülern eine bestimmte Fragetechnik angewendet haben, die als *Maieutik* oder Hebammenkunst in die Geschichte eingegangen ist. Die Technik besteht darin, im Gesprächspartner durch gezieltes Fragen eine Wahrheit zutage zu fördern, die diesem selbst schon bewusst ist und nur noch ans Tageslicht gebracht werden muss, sodass der Fragende als eine Art geistiger Geburtshelfer fungiert. Diese sokratische Fragetechnik hat Platon oft genug in seinen in Dialogform abgefassten Schriften, in denen er Sokrates als Hauptfigur auftreten lässt, dargestellt; daher ist der *Dialog* auch die für Platon typische Darstellungsform. Man kann geradezu sagen, Platon hat den Dialog zu einem literarischen Stilmittel entwickelt, das bis dahin in der Literatur noch gar nicht bekannt war: es gab vordem nur den erklärenden Prosatext oder die Dichtung in Hexametern.

Als Sokrates im Jahre 399 v. Chr. von den damals in Athen Herrschenden zum Tode verurteilt wurde, weil er angeblich die Jugend verdorben und die Existenz der Götter geleugnet habe, muss dies für Platon eine traumatische Erfahrung gewesen sein. Er war 10 Jahre lang der bevorzugte Schüler dieses ungewöhnlichen philosophischen Meisters, und er war mit seinen Mitschülern anwesend, als Sokrates den Schierlingsbecher ´trank, den Giftbecher, der seinem Leben ein Ende bereiten sollte. Für Platon stand zweifelsfrei fest, dass die Verurteilung des Sokrates ein Politikum war, dass mächtige und einflussreiche Kreise in Athen sich dieses unbequemen Fragenstellers entledigen wollten. Die Anklage war fingiert, der ganze Prozess ein abgekartetes Spiel; und für Platon wuchs auch durch dieses Ereignis nochmals sein Widerwille gegen die Politik.

Allerdings hat Platon die Verteidigungsrede des Sokrates, die berühmte *Apologie*, im Wortlaut wiedergegeben; es ist eine brillante Rede, in der die sokratischen Lebensanschauungen vortrefflich zum Ausdruck kommen. Besonders markant ist die Stelle, wo Sokrates – zu seiner Stellung zu den Göttern befragt – auf seine Innere Stimme zu sprechen kommt, die er als etwas „Dämonisches" (*daimonion ti*) bezeichnet. Das Wort „dämonisch" hatte zu jener Zeit eine ganz andere Bedeutung als heute; man verstand unter den Dämonen ja eine Klasse von Halbgöttern, die zwischen den Menschen und den im Olymp weilenden Hochgöttern zu vermitteln hatten: Sendboten der Götter waren sie gewissermaßen, wie später im Christentum die Engel. Das *daimonion* des Sokrates war also eine innere göttliche Stimme; er spricht in seiner Verteidigungsrede davon, „dass mir etwas Göttliches und Daimonisches widerfährt (…) Mir aber ist dieses von meiner Kindheit an geschehen: eine Stimme nämlich, welche jedesmal, wenn sie sich hören lässt, mir von etwas abredet, was ich tun will, — zugeredet aber hat sie mir nie."[27]

Kann man hieraus schlussfolgern, dass Sokrates eine Art *Esoteriker* war — indem er an die Stelle äußerlicher Götterverehrung durch Kult und Ritual *die innere Stimme Gottes* setzt, die in allen Lebenssituationen zum Menschen direkt und persönlich spricht, ohne Vermittlung durch Priester oder Liturgie? Deshalb sagt auch K. O. Schmidt über Sokrates: „Er war der Typus des praktischen Mystikers: seine Teilhabe am Göttlichen führte ihn zur Gelassenheit und Lebensüberlegenheit. Er lebte besitz- und wunschlos und stellte die Bedürfnisse der Seele vor die des Ich und des Leibes. Und er schenkte ohne Aufhören aus dem Born seiner Weisheit, wobei die Freude des Gebenkönnens ihm genug war."[28]

Nach dem Tod des Sokrates — Platon war gerade einmal 30 Jahre alt — begab er sich zunächst auf größere Reisen, die ihn nach Unteritalien, Sizilien und nach Ägypten führten. In Attika, unweit von Athen, besuchte er *Euklid von Megara*, in Libyen suchte er sodann den Mathematiker *Theodoros von Kyrene* auf, in Ägypten schließlich kam er wohl mit dem dortigen Priesterstand in Berührung. Unteritalien einschließlich Sizilien gehörte seit dem 8. Jahrhundert v. Chr. zum griechischen Siedlungsgebiet; das Land war schon dichter besiedelt als die hellenische Halbinsel, und es gab dort eine Fülle von mystisch orientierten Orphiker-Gemeinden, zu denen Platon sicherlich Zugang gefunden hat. Zu den prominenten Pythagoreern, die Platon traf, gehört der auch als Politiker erfolgreiche *Archytas von Tarent* sowie *Timaios von Lokris*, den Platon in seinem Dialog *Timaios* verewigte. Ein absolutes Fiasko war indes Platons Zusammentreffen mit *Dionysios*, dem Tyrannen der Stadtgemeinde Syrakus.

Nach seiner Rückkehr aus Sizilien etwa im Jahr 387 v. Chr. erwarb Platon ein Grundstück im Nordwesten von Athen, auf dem sich ein Hain namens *Akadémeia* (Ἀκαδήμεια) befand. Es war genau das, was man im Deutschen mit dem Wort „Akademie" umschreibt – die erste Philosophenschule Griechenlands. Platon hat bis zu seinem Lebensende dort gelebt und gelehrt, stets umgeben von einem Kreis von Schülern und Zuhörern. Vorbild dieser Philosophenschule mochte die Pythagoreer-Gemeinschaft in Unteritalien gewesen sein, die allerdings wohl weniger eine philosophische Schule gewesen ist, sondern eher eine kleine Kommunität, die auf der Basis strenger Ordensregeln und kommunistischen Gemeinschafts-Eigentums existierte – wohl ein europäisches Pendant zu den indischen *Ashrams*. Aber gewiss war auch Platons Akademie eine Pflanzstätte des Geistes, eine kommunitäre Lebensgemeinschaft, und damit keine Akademie im heutigen Sinne.

Noch zweimal in seinem Leben reist Platon nach Sizilien (366 und 361 v. Chr.), zutiefst verstrickt in die politischen Wirren des Stadtstaates. Auf der zweiten Sizilien-Reise hatte Platon es mit *Dionysios II*, dem Sohn des inzwischen verstorbenen Tyrannen, zu tun; aber die Hoffnung, aus ihm einen echt platonischen Philosophenherrscher zu machen, sollte sich als trügerisch erweisen. Der Versuch, den Idealstaat mit Tyrannenhilfe zu verwirklichen, war kläglich gescheitert. Seine letzten Lebensjahre verbrachte Platon in seinem philosophischen Hain mit Forschung und Lehre, dabei stets von einem Schüler- und Verwandtenkreis umgeben. Platon starb im Jahre 348-47, sein Todesjahr war das erste der 108. Olympiade (Sommer 348 bis Sommer 347). Sein Erbe fiel an seinen Neffen oder Großneffen Adeimantos, mit der Leitung der Akademie wurde sein Neffe Speusippos bestellt.

Die Werke Platons

Platon hat ein sehr umfangreiches schriftstellerisches Corpus hinterlassen; bekannt sind 47 Titel von Schriften, die aus seiner Feder stammen sollen. Da dort aber auch viel Zweifelhaftes, Ungesichertes und Unechtes dabei ist, geht man inzwischen aus von 34 *Dialogen*, der *Apologie des Sokrates* und den *Briefen* — also insgesamt 36 Werke. So hat Platon ein Lebenswerk hinterlassen, das an Umfang und Gedankentiefe einzigartig dasteht. Üblicherweise unterteilt man die platonischen Schriften in Frühschriften, Werke des mittleren Alters und Spätschriften. Geht man von solcher Unterteilung aus, kann man folgende Zuordnung vornehmen:

Frühe Dialoge:

- *Charmides* (Beschreibung der Besonnenheit)
- *Lysis* (Gespräche über die Freundschaft)
- *Laches* (Untersuchung der Tapferkeit)
- *Ion* (über die Dichtkunst)

- *Protagoras* (Verteidigung der These, dass Tugend Wissen und lehrbar sei)
- *Euthyphron* (Betrachtungen über das Wesen der Frömmigkeit)
- *Trasymachos*, das erste Buch der *Politeia* (eine Beschreibung des gerechten Staates).

Mittlere Dialoge:

- *Gorgias* (Betrachtungen zu ethischen Fragen)
- *Menon* (Diskussion über das Wesen der Erkenntnis)
- *Apologia* (Sokrates' Verteidigungsrede vor Gericht)
- *Kriton* (Sokrates' Verteidigung der Befolgung der staatlichen Gesetze)
- *Phaidon* (Sokrates' Todesszene, Besprechung der Theorie der Formen, des Wesens der Seele und der Frage der Unsterblichkeit)
- *Symposion* (Gespräche über Schönheit und Liebe)
- *Politeia* (Beschreibung des gerechten Staates)

Späte Dialoge:

- *Theaitetos* (Betrachtungen zum Unterschied zwischen Erkenntnis und Sinneswahrnehmung)
- *Parmenides* (kritische Betrachtung der Ideenlehre)
- *Sophistes* (Betrachtungen zur Formen- bzw. Ideenlehre)
- *Philebos* (Besprechung zum Verhältnis von der Lust und dem Guten)
- *Timaios* (Anschauungen zu Naturwissenschaft und Kosmologie)
- *Nomoi* (Analyse politischer und sozialer Fragen)

Soweit der Überblick über das Gesamtwerk Platons. Es steht wie ein einsamer Gigant da in der Geistesgeschichte des Abendlandes, wie ein erratischer Block, den niemand zu bewältigen vermag. Dieses Werk, das einem Gebirge gleicht, ist uns durch die Jahrhunderte überliefert worden. Dabei hat sich Byzanz wieder einmal als Brücke zwischen Morgen- und Abendland erwiesen. Es war nämlich der Patriarch von Konstantinopel *Photios I.*, ein führender Gelehrter des 9. Jahrhunderts, der eine Sammlung aller unter Platons Namen überlieferten Werke in zwei Codices anfertigen ließ. Eine weitere Sammelhandschrift von Platons Schriften entstand im Auftrag von *Arethas*, einem Schüler des Photios. 1423 brachte der Humanist Giovanni Aurispa eine vollständige Sammlung von Platons Werken aus Konstantinopel nach Italien.

Bis ins 19. Jahrhundert hinein war die dreibändige Gesamtausgabe von Platons Werken, die Henri Estienne, latinisiert Henricus Stephanus, im Jahr 1578 in Genf veröffentlichte, die maßgebliche Edition. Nach der Seitennummerierung dieser Ausgabe, bekannt als die Stephanus-Paginierung, werden Platons Werke noch bis heute zitiert.

Die Ideenlehre

Die *Ideenlehre*, der *Idealismus*, diese einmalige geistige Schöpfung Platons, ist eine Weltsicht, die alles Reale, Gegenständliche, auf wirkmächtige geistige Urbilder zurückführt. Die von uns wahrgenommene sinnliche Wirklichkeit wird gesehen als abhängig von einer höheren, transzendenten Realität, nämlich der *Ideenwelt*, die ewig und unvergänglich ist. Man kann es auch so sagen: Das gesamte Universum ist ein Gedanke Gottes. Alles, was in der sogenannten realen materiellen Welt

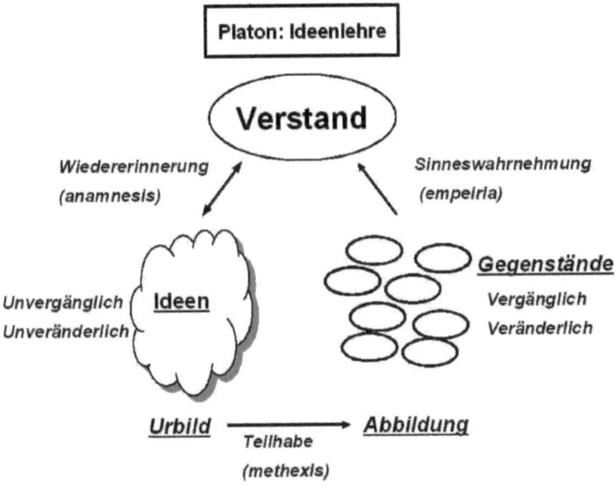

existiert, war ursprünglich ein Gedankenbild, ein geistiger Prototyp, ein Urbild. Der Pflanze zum Beispiel liegt das Gedankenbild der Pflanze zugrunde; dem Tier das Gedankenbild des Tieres. Dem sichtbaren Universum liegt somit eine geistige Urwelt, ein geistiges Meta-Universum zugrunde. In seinem *Lehrbuch der Geschichte der Philosophie* (1892) schreibt Wilhelm Windelband, die Essenz der Ideenlehre zusammenfassend:

„Die Entstehung und Ausbildung der platonischen Ideenlehre ist wie einer der wirkungsvollsten und fruchtbarsten, so andererseits einer der schwierigsten und verwickeltsten Vorgänge in der gesamten Geschichte des europäischen Denkens (...). Zum erstenmal wird damit ausdrücklich und vollbewusst die Behauptung von einer immateriellen Wirklichkeit aufgestellt, und es ist klar, dass sie vom ethischen Bedürfnis nach einer über alle Wahrnehmungsvorstellungen erhabenen Erkenntnis, nach einem über die Körperwelt hinausgehenden Seelenleben entspringt."[29] Platon hat allerdings nirgendwo in seinem Werk die Ideenlehre systematisch dargestellt; die Aussagen hierüber sind vielmehr über verschiedene Dialoge verstreut, oftmals auch in wechselnden Terminologien. Platon sprach von einer Idee als εἶδος oder ἰδέα, er verwendet aber auch andere Begrifflichkeiten wie *morphé, parádeigma,* was so viel wie Gestalt oder Muster bedeutet, er sprach von *eikōn, phýsis* und *ousía,* also von Bild, Natur und Wesen, und zuweilen auch von den Dingen „an sich". So ist das Schöne an sich nicht das sinnlich-konkret Schöne, das Gute an sich nicht das Gute in seiner sinnlich wahrnehmbaren Ausformung.

Allenthalben sind die platonischen Ideen ewig, überzeitlich, wandellos, unveränderlich, geistig, intelligibel – nicht sinnlich wahrnehmbar, aber doch allem Sinnlichen zugrundeliegend. Es gibt auch eine Hierarchie von Ideen. Bereits im *Phaidon* gibt es Ideen in einer Rangordnung, neben der Idee des Guten, Schönen, Gerechten finden wir auch die Idee des Gleichen, Verschiedenen, des Gegensatzes, ja schließlich die Ideen aller Wesenheiten überhaupt. Damit ist die Ideenlehre auf die ganze Welt des Seins ausgedehnt, auf Lebendiges, auf Natur und Kunst, denn überall dort findet man auch Wesenhaftes. Tatsächlich fragte Platon nach den letzten Urgründen des Seins; und diese können nur durch geistige Schau gewonnen werden.

Für ein tieferes Verständnis der Ideenlehre sind die Begriffe *methexis* und *parousia* bedeutsam. Die Ideen und die sinnlichen Dinge verhalten sich zueinander wie Urbild und Abbild. Aber das Abbild könnte nicht existieren, würde es nicht am Urbild teilhaben. Die Art dieser Teilhabe (μέθεξις *méthexis*) bestimmt im Einzelfall, in welchem Ausmaß dem Objekt die Eigenschaft zukommt, die es von der Idee empfängt. Ein gutes Objekt ist nur in dem Maße gut, in dem es an der Idee des Guten teilhat. Jedes Phänomen der physischen Welt hat demnach Anteil an der Idee, deren Abbild (εἰκών *eikón* oder εἴδωλον *eídolon*) es ist. Parousia (παρουσία) nun bedeutet Anwesenheit. Denn das Urbild ist im Abbild real anwesend; es verleiht ihm Bestand und Seinskraft, verleiht ihm auch all die Eigenschaften, die dem Urbild zukommen.

Hieran wird ersichtlich, dass Platons Weltkonzeption keinesfalls dualistisch ist, etwa in dem Sinne, wie es die späteren Weltbilder der Gnosis waren. Wenn das Geistige im Sinnlichen anwesend ist, dann gibt es keine unüberwindliche Trennmauer zwischen der sinnlichen und der geistigen Welt; sie hängen beide im Gegenteil untrennbar miteinander zusammen, es ist eine Transzendenz in der Immanenz, und das Göttliche kann nicht in irgendeinem abstrakten leeren Raum außerhalb der Welt, sondern nur in der Welt gefunden werden.

Der Esoterische Platonismus ist demnach nicht diesseitsfeindlich; er hält fest am antiken Kosmos-Begriff, der den Kosmos als ein lebendiges, sinndurchwirktes Ganzes begreift, als ein Abbild des Göttlichen. Die Idee des Guten, die an der Spitze der göttlichen Ideenhierarchie thront, kommt in der physischen Welt am ehesten in der Sonne zum Ausdruck:

> Die Sonne also meinte ich, als ich von dem Abbild des Guten sprach, das von dem Guten seinen Ursprung herleitet. Was das Gute in der denkbaren Welt für die Vernunft und die Gegenstände des Denkens ist, das ist die Sonne in der sichtbaren Welt für den Gesichtssinn und die sichtbaren Dinge.[30]

Das Gute, im Rang noch höher als Erkenntnis und Wahrheit stehend, erscheint in der platonischen Tradition immer als etwas dem Licht zutiefst Verwandtes; ja es ist eigentlich transzendentales Licht. Auch die vedische Überlieferung spricht davon, dass die wahre transzendentale Sonne hinter einer „Scheibe goldenen Lichts" verborgen liege – die sinnliche Sonne verdeckt die geistige Ursonne, ein Hinweis auf den allgemein herrschenden Maya-Charakter aller Wirklichkeit. Die täuschenden Sinnendinge versperren uns den Weg zur Erkenntnis der Wahrheit. Die eigentliche Wahrsonne, *Savitri*, wird nicht mit den körperlichen Sinnen, sondern allein mit den Augen des Geistes geschaut.

Das Zentralfeuer des Alls war den Eingeweihten aller Zeiten und Länder bekannt; es kommt in den Geheimlehren aller Religionen vor. So zum Beispiel bei den Pythagoreern. „Philolaos, des Pythagoras Schüler, lehrt, das Feuer sei in der Mitte – denn es sei der Herd des Weltalls .... Das leitende (Prinzip) befinde sich im Zentralfeuer, das gleich einem Schiffskiel der schöpferische Gott der Kugel des Alls zugrunde legte."[31] Ähnlich spricht auch die von Madame Blavatsky verfasste Geheimlehre von einer „centralen geistigen Sonne": „Das erstere, oder das rein formlose und unsichtbare Feuer, verborgen in der centralen geistigen Sonne, wird als dreifach bezeichnet (metaphysisch); während das Feuer des manifestierten Kosmos siebenfach ist ..."[32]

Was die Idee des Schönen betrifft, so ist es recht aufschlussreich, sich Platons Dialog *Symposion* daraufhin näher anzuschauen. Eine Runde fröhlicher Zecher trifft sich hier, und es wird vereinbart, dass ein jeder reihum eine Lobrede auf Eros — den Gott der Liebe — halten soll. Alle Festredner bleiben indes beim Oberflächlichen und grob Sinnlichen stehen, bis Sokrates an die Reihe kommt, der von der transzendentalen Liebe spricht und Eros als einen mächtigen *Daimon* (Halbgott) preist, der wie alle Daimones die Aufgabe hat, Himmel und Erde miteinander zu verbinden. Weiterhin gibt Sokrates an, von einer Seherin namens *Diotima* in die Mysterien der Liebe eingeweiht worden zu sein. Sie habe ihn gelehrt, hinter dem Sinnlich-Schönen das Schöne an sich zu erkennen. Ihre Worte gibt er wie folgt wieder:

An diesem Punkt des Lebens […], wenn überhaupt irgendwo, lohnt sich das Leben für den Menschen, im Schauen des Schönen an sich. […] Was sollen wir erst denken, sprach sie, würde es einem gelingen, das Schöne selbst zu sehen, sonnenklar, rein, unvermischt, nicht gebunden an Menschenfleisch und –farben und viel sonstigen sterblichen Tand, sondern er könnte das göttliche Schöne selbst, das von einer Art ist, erblicken. Glaubst du, eines Menschen Leben kann nichtig werden, wenn er dorthin blickt, es immerdar anschaut und bei ihm ist?[33]

Wenn die Ideen nun also als transzendent-immanente Wesenheiten den sinnlichen Dingen innewohnen, dann erhebt sich die Frage — wie ist es denn dem Menschen möglich, die Ideen zu erkennen? Ein solches Erkennen ist nur durch geistiges Schauen möglich, und der Mensch besitzt nach Platon eben auch einen Seelenanteil, der ihn zur Geistesschau befähigt, das *logistikon* (τὸ λογιστικόν). Dieses wird oft mit Vernunft oder Verstandesseele übersetzt, es meint aber eigentlich die *spirituelle Geistseele*. Es ist der Anteil am göttlichen Logos, den wir haben, der eigene innere Logos-Funke, der uns immerdar mit dem göttlichen All-Geist und dem Reich der Ideen verbindet.

Das *logistikon* also erkennt die Ideen, erkennt das Gute an sich, das Schöne an sich — aber was heißt denn eigentlich erkennen? Für Platon ist Erkennen immer ein Wieder-Erinnern, ein sich Zurück-Erinnern der Seele an die geistigen Inhalte, die sie einst in der geistigen Welt geschaut hat. In diesem Zusammenhang ist der Begriff der *Anamnesis* (griech. ἀνάμνησις *anámnēsis*) von Bedeutung. Anamnesis ist ein zentraler Begriff aus der Erkenntnistheorie und Seelenlehre Platons, der insbesondere in den Dialogen *Menon*, *Phaidon* und *Phaidros* erörtert wird. Um was geht es dort?

In seiner Seelenlehre, seiner esoterischen Psychologie, geht Platon weit in die vorgeburtliche Existenz des Menschen zurück, in jenen Zustand, als die Menschenseele nicht irdisch inkarniert war, sondern halb unbewusst in einem sehr entrückten himmlischen Gefilde umherschwebte, bereit, sich erneut in der Erdenwelt zu inkarnieren. Nach Platon nämlich ist die menschliche Seele ihrem Wesen nach unsterblich und existiert schon vor der Entstehung des physischen Körpers und gleicherweise nach dessen Tod. Bevor die Seele in die physische Inkarnation hineingeht, weilt sie an einem, wie Platon sagt, „überhimmlischen Ort" (*tópos hyperouránios*), wo sie die Ideen unmittelbar schaut.

Mit der Annahme eines physischen Körpers geht diese Schau der Ideen zunächst einmal verloren; doch eine Erinnerung daran verbleibt noch in den Tiefen der Seele. In der physischen Welt sieht die Seele die Sinnendinge der diesseitigen Wirklichkeit, in denen sie jedoch die ursprünglichen Ideen wiedererkennt. Und in diesem Sinne ist alles Erkennen „Erinnerung". In der Sinneswahrnehmung schwingt das Wiedererinnern mit. Sieht die Seele in der diesseitigen Welt etwas Schönes, fühlt sie sich an jene Idee des Schönen erinnert, die sie in der geistigen Welt einstmals erschaute.

Wenigen Menschen ist es vergönnt, die transzendentalen Ideen in der Sinnenwelt direkt wahrzunehmen; denn die Augen des Geistes müssen hierfür geöffnet sein. Diese geistige Schau hat übrigens überhaupt nichts zu tun mit medialer Hellsichtigkeit, ja sie ist meilenweit von ihr entfernt, denn die mediale Hellsichtigkeit bewegt sich in unbewussten Traumwelten. Der echte Eingeweihte jedoch erhebt sich bis in die namenlosen Höhen der geistig-göttlichen Ursprungswelt. Zum Beispiel Johann Wolfgang Goethe (1749–1832) war ein solcher Eingeweihter, der die Urphänomene der Dinge sehen konnte, die Urpflanze beispielsweise, die jeder sinnlichen Pflanze zugrunde liegt; diese ist aber nichts anderes als eine platonische Idee. Es gab ja ein sehr aufschlussreiches Gespräch zwischen Goethe und Schiller über das Thema der Urpflanze; Goethe hat den Verlauf des Gespräches, das sie im Juli 1794 miteinander geführt haben, in einem späteren Essay (*Glückliches Ereignis*), enthalten in den naturwissenschaftlichen Schriften, noch einmal nachgezeichnet:

„Wir gelangten zu seinem Hause, das Gespräch lockte mich hinein; da trug ich die Metamorphose der Pflanzen lebhaft vor und ließ, mit manchen charakteristischen Federstrichen, eine symbolische Pflanze vor seinen Augen entstehen. Er vernahm und schaute alles mit großer Teilnahme, mit entschiedener Fassungskraft; als ich aber geendet, schüttelte er nur den Kopf und sagte: 'Das ist keine Erfahrung, das ist eine Idee.' Ich stutzte, verdrießlich einigermaßen; denn der Punkt, der uns trennte, war dadurch aufs strengste bezeichnet. Die Behauptung aus *Anmut und Würde* fiel mir wieder ein, der alte Groll wollte sich regen; ich nahm mich aber zusammen und versetzte: 'Das kann mir sehr lieb sein, dass ich Ideen habe, ohne es zu wissen, und sie sogar mit Augen sehe.'"[34] Schiller glaubte nämlich, dass eine Idee, wie die Urpflanze eine ist — Idee im Sinne Platons, ein geistiges Urbild — niemals Gegenstand der Erfahrung sein könne. Und wenn wir einmal die großen Künstler der italienischen Renaissance nehmen – auch sie waren in der Lage, die ewigen Ideenbilder des Seins in den vor ihnen liegenden Materialien zu sehen, sie dort herauszuläutern, und diese so geschauten Ideen wurden dann Leitstern ihres künstlerischen Schaffens.

Von *Michelangelo* (1475–1564) wurde gesagt, dass er in dem von ihm zu bearbeitenden Marmorblock schon die Geistgestalt des zukünftigen Kunstwerkes zu erkennen vermochte. „Ein wahrer Künstler", so schrieb er in einem seiner Sonette, „hat keine Konzeption, d.h. kann sich keine Gestalt vorstellen, die nicht bereits in jedwedem Marmorblock enthalten wäre (…): jene herrliche, vollkommene Gestalt kann aus dem massigen Marmorstein durch die Hand des Künstlers befreit werden ..."[35] Ähnlich auch bei *Raffael* (1483–1520): Wenn er eine schöne Frau malen wollte, bediente er sich als Modell „einer gewissen Vorstellung einer schönen Frau, die er sich in seinem Kopf zurecht baue" — das ist wieder typisch für die Ästhetik des Neuplatonismus, der doch von den meisten Künstlern der Renaissance vertreten wurde. Der sichtbaren Wirklichkeit ist die ewige Idee weit überlegen, und die Aufgabe des Künstlers besteht darin, diesem inneren Bild eine materielle äußere Form zu geben.

Platon sah übrigens auch einen Zusammenhang zwischen den Ideen und geometrischen Figuren. Es gibt ja in der Natur nirgendwo einen perfekten Kreis, eine perfekte Linie, diese sind auch transzendent in dem Sinne, dass sie einem nicht-sinnlichen Wirklichkeits-Bereich angehören. Das Gleiche gilt dann auch für die Zahlen. Aristoteles hat mehrfach berichtet, dass Platon die Ideen mit Zahlen gleichgesetzt habe; tatsächlich hat er sich in seinen Spätdialogen, besonders aber in seiner uns nicht erhalten gebliebenen Altersvorlesung *Über das Gute* mit dem Verhältnis von Idee und Zahl intensiv befasst. Dabei geht es aber nicht um die mathematischen Begriffs-Zahlen, sondern eher um eine Zahlenmystik im Sinne von Pythagoras. Die Zahlen werden dort als weltgestaltende Mächte gesehen, die allem Wirklichen zugrunde liegen; es gibt dann auch einen hierarchisch gestalteten Zahlenkosmos, aus dem im Rahmen eines Weltschöpfungsprozesses die sinnlichen Dinge schrittweise hervorgehen.

Das Höhlengleichnis

In seinem berühmten Höhlengleichnis hat Platon die Daseinswirklichkeit des Menschen zu erfassen versucht. Er sieht sie als Gefangene einer relativen Welt des Wandels, die weit entfernt ist von der intelligiblen Schönheit der Ideenwelt:

> Und jetzt will ich dir ein Gleichnis für uns Menschen sagen ... Denke dir, es lebten Menschen in einer Art unterirdischen Höhle, und längs der Höhle zöge sich eine breite Öffnung hin, die zum Licht hinaufführt. In dieser Höhle wären sie von Kindheit an gewesen und hätten Fesseln an den Schenkeln und am Halse, so dass sie sich nicht von der Stelle rühren könnten und beständig geradeaus schauen müssten.
>
> Oben in der Ferne sei ein Feuer, und das gäbe ihnen von hinten her Licht. Zwischen dem Feuer aber und den Gefesselten führe oben ein Weg entlang. Denke dir, dieser Weg hätte an seiner Seite eine Mauer, ähnlich wie ein Gerüst, das die Gaukler vor sich, den Zuschauern gegenüber, zu errichten pflegen, um darauf ihre Kunststücke vorzuführen [...]
>
> Weiter denke dir, es trügen Leute an dieser Mauer vorüber, aber so, dass es über sie hinwegragt, allerhand Geräte, auch Bildsäulen von Menschen und

Tieren aus Stein und aus Holz und überhaupt Erzeugnisse menschlicher Arbeit. […]

Haben nun diese Gefangenen wohl von sich selber und voneinander etwas anderes gesehen als ihre Schatten, die das Feuer auf die Wand der Höhle wirft, der sie gegenübersitzen? […]

Nun musst du dies ganze Gleichnis mit unserer voraufgegangenen Darstellung zusammenhalten, lieber Glaukon. Setze an Stelle der Gefängniswohnung die durch den Gesichtssinn geoffenbarte Welt und an Stelle des lichtspendenden Feuers die Sonne.[36]

Die in der Höhle Gefesselten können diese Gegenstände nicht sehen, sondern nur deren Schatten, die durch das von oben her einströmende Licht an die Höhlenwand projiziert werden. Platon wollte mit diesem Gleichnis sagen, dass das von uns als Wirklichkeit Wahrgenommene nur Schatten ist im Vergleich zu einer anderen Wirklichkeit höherer Art – der geistigen Welt. Nur in ihr waltet wirkliches Licht.

Die geistige Welt und die materielle Welt verhalten sich zueinander wie Urbild und Abbild. Insoweit wir uns in der materiellen Welt aufhalten, sehen wir nur Abbilder, Projektionen, Kopien des wahrhaft Wirklichen. Das Wirkliche ist nur im Urbild zu finden.

Wir sehen nur Schatten. So ist Platons Höhlengleichnis das abendländische Äquivalent zur altindischen Maya-Lehre. Alles Wahrgenommene ist Illusion, Gaukelspiel, Glasperlenspiel, nicht weniger real als eine Filmvorführung. Sind wir vielleicht alle nur die Darsteller in einem illusionären Theaterstück, dessen Sinn und Ausgang wir selbst nicht kennen? Überhaupt – wer sind wir selbst? Hier rühren wir an die uralte Menschheits-Frage des „Erkenne Dich selbst!", an jene geheimnisvolle Sphinx-Frage, dessen Lösung der Mensch selbst ist. Wenn Materie nicht existiert, wenn Raum und Zeit nur

Geschöpfe unseres Bewusstseins sind, wer ist dann die Instanz, die dieses alles erschafft – oder gibt es eine solche Instanz überhaupt?

Von allen Täuschungen und Illusionen, denen sich inkarnierte Seelen je hingegeben haben, ist die größte wohl die des „Ich". Wir sehen nicht nur Schatten, wir selbst sind Schatten! Oder was ist das so genannte Ich anderes als Schattenspiel? Es ist Buddha gewesen, der Zeit seines Erdenwirkens die Menschen immer wieder auf die Illusion des Ich, die größte aller Illusionen, aufmerksam gemacht hat. In seiner berühmten *Predigt vom Nicht-Ich*, gehalten zu Benares, sagt er: „Der Körper, ihr Mönche, ist nicht das Ich; wäre nämlich, der Körper das Ich, so würde er nicht der Krankheit unterworfen sein ...."[37] Und das gilt in gleicher Weise auch für die Empfindung, die Wahrnehmung, die Gemütsregungen, ja sogar für das Bewusstsein!

Dass die Wirklichkeit, so wie wir sie wahrnehmen, nur Schattenspiel ist, das wurde seit Menschengedenken von allen Lichtboten in dieser Welt – Buddha, Platon, Meister Eckhart, Madame Blavatsky – immer wieder unmissverständlich ausgesprochen. Wer die „Welt" so nimmt, wie er sie sieht, ist mit Blindheit geschlagen. Er befindet sich im Bannkreis des Irrtums. Nur die Toren nehmen den Augenschein für Wahrheit. In Band 1 der *Geheimlehre* lesen wir etwa: „Während des großen Mysteriums und Dramas des Lebens, das als Manvantara bekannt ist, verhält sich der wirkliche Kosmos wie die Gegenstände, welche hinter den weißen Schirm gestellt sind, auf den ihre Schatten geworfen werden. Die wirklichen Figuren der Dinge bleiben unsichtbar, während die Fäden der Entwicklung von unsichtbaren Händen gezogen werden. Menschen und Dinge sind somit bloß die Widerscheine auf dem weißen Felde von den

Wirklichkeiten hinter den Schlingen der Mahamaya, oder der großen Täuschung."[38]

Das also ist Buddhas Lehre. Platon sagt, dass wir nur Schatten sehen, wie Gefesselte in einer Höhle; aber Buddha sagt, dass auch unser Ich nur Schatten ist. Und wie sieht denn nun der Weg aus, der aus der ewigen Schatten-Welt herausführt? Er besteht nach Platon darin, dass die Höhlenbewohner, halbblind und des wahren Lichtes entwöhnt, ihre Fesseln sprengen, sich umwenden – denn hinter ihnen leuchtet das Licht, das die Umrisse der Figuren an die Wand projiziert –, sich dem Lichte zuwenden und schließlich Schritt um Schritt aus der Höhle heraussteigen, ins Offene, ins Freie, der wirklichen Welt entgegen. Mit den Worten Platons:

> Schließlich wird er die Sonne selber sehen können, also nicht bloß ihre Spiegelbilder im Wasser und anderswo hier unten erblicken, sondern sie selber oben an ihrem Ort. [...] Aber wie sich nicht die Augen allein rückwärts drehen können, sondern der ganze Körper vom Dunkeln ins Helle gewendet werden muss, so muss zugleich mit dem Erkenntnisvermögen die gesamte Seele von der Welt des Werdens hinweggewendet werden, bis sie den Anblick der wahren Welt und schließlich des leuchtenden Gegenstandes in dieser wahren Welt auszuhalten vermag.[39]

Hier tritt die Parallele zur *altindischen Mayalehre* allzu deutlich hervor. In den jüngeren Upanishaden wurde die sinnlich wahrnehmbare Welt der konkreten Vielheit in wachsendem Masse als bloßer Schein angesehen und die diesen Schein hervorbringende Kraft der Illusion als *Maya* bezeichnet. Maya wurde damit zu einem Synonym für die Materie überhaupt, für jene Welt der Illusion und Täuschung, die uns den Zugang zur Welt des eigentlichen Seins verwehrt. Ursprünglich war Maya die Bezeichnung für „physische Erscheinung, irdische Form, trügerisches Äußeres". Die Überzeugung jedoch, dass die „Schleier der Maya" das Göttliche in seiner wahren Gestalt verhüllen, hat dazu geführt, dass in der indischen Mythologie die Maya als eine verführerisch lächelnde, launenhafte, trügerische Göttin gesehen wurde, die als mächtige Beherrscherin dieser Welt mit Kali-Durga gleichgesetzt, zuweilen auch als *Maha-Maya* (Große Illusion) bezeichnet wurde. Der Philosoph Schelling sagt in seiner Schrift *Philosophie und Religion* (1804): „Die Materie gehört [....] ganz und gar zu der Gattung der Nichtwesen."[40]

Die Metapher der Höhle zur Kennzeichnung der gottfernen Diesseits-Welt war schon lange vor Platon den Pythagoreern geläufig. Empedokles (490–430 v. Chr.) dichtet in seinem *Reinigungslied*:

Aus welch' herrlicher Fülle der Ehre und Seligkeit stürzt' ich so auf die Erde herab und schweife nun unter den Menschen!
Als ich den Ort, mir ungewohnt, sah, da weint' ich und klagte. Dieser Höhle Gewölbe nun war's, wohin wir gelangten.[41]

Die Seelenlehre

In seiner Seelenlehre, seiner esoterischen Psychologie geht Platon davon aus, dass der Mensch eine Seele ist, die einen Körper hat — und nicht umgekehrt, wie heute allgemein angenommen, dass er ein Körper ist, der eine Seele hat. Die Seele wäre nach letzterer Ansicht ja nur ein Beiwerk des Körpers, eine seiner Funktionen und letztlich damit auch ein Teil des Körpers. Bei Platon ist der Körper indes nur etwas Vorübergehendes, ein Gewand, das die Seele sich anlegt, ein Instrument, das sie

gebraucht, um in der materiellen Körperwelt zurecht zu
kommen, keinesfalls aber gehört der Körper zum We-
senhaften des Menschen. In seinem Dialog *Die Gesetze*
bezeichnet Platon ihn sogar als ein „Schattenbild", Abbild des Wirklich-Wesenhaften, das den Menschen auf
seinem Lebensweg vorübergehend begleitet:

> Ferner ist es Pflicht, dem Gesetzgeber neben anderen
> Dingen namentlich auch das zu glauben, dass die Seele
> etwas von dem Körper vollständig Verschiedenes ist
> — dass schon in diesem Leben lediglich nur die Seele
> es ist, was uns unser ganzes Dasein verleiht, während
> der Leib jeden Menschen nur wie ein Schattenbild be-
> gleitet — dass demnach die Leiber der Toten ganz
> richtig nur Bilder der Verstorbenen genannt werden,
> wogegen unser wahrhaftes wirkliches Wesen, das
> nicht sterben kann, den Namen der Seele trägt und
> nun zu anderen höheren Wesen hinzieht, um Rechen-
> schaft abzulegen ...[42]

Dies ist so zu verstehen, dass der wahre Mensch, der
nicht der Körper ist, nach seinem Tode zu den Göttern
wandert, um dort Rechenschaft abzulegen — Rechenschaft über seine vergangenen Taten, die guten wie die
bösen gleichermaßen, die dann über sein künftiges
Schicksal entscheiden werden. Bei der Seele berücksichtigt Platon immer ihre Präexistenz und Postexistenz —
ihr Dasein also vor ihrer körperlichen Geburt und danach. Wir hatten im Zusammenhang mit der Ideenlehre
schon festgestellt, dass „Erkennen" dasselbe ist wie sich
„Wiedererinnern", dass die Seele also das wiedererkennt, was sie zuvor in der Geistigen Welt geschaut hat.
Die Geistige Welt wäre somit die eigentliche Urheimat
der Seele — hier in der Körperwelt ist sie nur ein vor-
übergehender Gast.

An anderer Stelle sagt Platon, dass man die Wahrheit nicht erkennen könne, solange man noch in einem Körper wohnt; eine Ansicht, die sich übrigens mit jener der indischen Yogis deckt. Auch diese vertreten die Meinung, dass man Erleuchtung erst dann erlangen kann, wenn man sich außerhalb des Körpers befindet – sei es nach dem Tode, sei es in einem Zustand der mystischen Ekstase. Platon sagt, dass

> ... solange wir noch den Leib haben und unsere Seele mit diesem Übel im Gemenge ist, wir nie befriedigend erreichen können, wonach uns verlangt; und dieses, sagen wir doch, sei das Wahre. Denn der Leib macht uns tausenderlei zu schaffen wegen der notwendigen Nahrung; dann auch, wenn uns Krankheiten zustoßen, verhindern uns diese, das Wahre zu erjagen, und auch mit Gelüsten und Begierden, Furcht und mancherlei Schattenbildern und vielen Kindereien erfüllt er uns; so dass recht in Wahrheit, wie man auch zu sagen pflegt, wir um seinetwillen nicht einmal dazu kommen, auch nur irgendetwas richtig einzusehen.[43]

Betrachten wir nun die Seele im Hinblick auf ihre Entstehung, ihre Wesensnatur und ihr künftiges Schicksal im Jenseits und in künftigen Erdenleben. Was zunächst die Herkunft der Seele betrifft — sie entstammt der Weltseele als deren Ausfluss oder Spross; dabei ist sie ein Werk des Demiurgen, des Schöpfergottes, der auch die Weltseele erschuf. Der Demiurg ist bei Platon nicht der höchste Gott, sondern lediglich der Baumeister der materiellen Welt; er trug die ewigen Ideen in seinem Geist, die er der Weltseele dann einpflanzte. Die Einzelseele hat zwar an der Weltseele Anteil und ist von derselben Natur wie sie, doch stellt sie etwas ganz und gar Individuelles dar, verfolgt einen ganz individuellen

Weg, und unterliegt einem eigenen Schicksalsgesetz. Und es sind die Konstellationen des Kosmos, die den individuellen Schicksalsweg der Seele bestimmen, denn da die Seele ihrer Herkunft nach ein kosmisches Wesen ist, sind es eben auch die Gestirne, die den Seelenweg begleiten, ja regelrecht determinieren.

In seinem kosmogonischen Mythos, dem *Timaios*, sagt Platon, dass der Demiurg jeder Seele einen eigenen Stern als Wohnort zugewiesen habe. Aber nicht die physischen Sterne des äußeren Himmels-Firmaments sind damit gemeint. Platon sagt, der Weltenschöpfer habe eine gleiche Anzahl von Seelen und Sternen geschaffen, wobei er jeder Seele einen Stern zuordnete:

> Nachdem er das Ganze verband, sonderte er eine der der Sterne gleichkommende Anzahl von Seelen aus, teilte jedem Sterne eine zu, belehrte sie, indem er gleichsam ein Fahrzeug ihnen anwies, über die Natur des Weltganzen.[44]

— Und das „Fahrzeug" der Seele ist der physische Körper! Der Sternenkosmos als Seelenheimat – das ist eine zutiefst esoterische Ansicht; sie kommt sowohl in der platonischen als auch gnostischen Tradition vor. Galt doch noch den Gnostikern des Mittelalters die Seele als ein auf die Erde herabgefallener Himmelsbewohner. Was die Seele mit den Sternen gemeinsam hat, ist das Merkmal der *Selbstbewegung*. Die Seele ist das *Sich-Selbst-Bewegende*, das sich von Innen heraus Bewegende. Alles Lebendige trägt die Eigenschaft der Selbstbewegung; nur tote Objekte werden von außen bewegt. Daher sind Seele und Leben untrennbar miteinander verbunden: alles Seelische lebt, und alles Lebendige ist beseelt. Im Sinne einer solchen Allbeseelung fasst Platon nicht nur die Gestirne als beseelt auf, sondern (zum Beispiel im *Timaios*) auch Tiere und Pflanzen. Es gibt nichts Totes im Kosmos, die Weltseele als das Leben-Gebende durchdringt alles, ist der Welt immanent und bewegt sie von Innen. Diese Weltseele, oder Allseele (ψυχή τοῦ παντός *psyché tou pantós*), ist ein intelligentes Wesen; sie trägt die urewigen Ideen in sich, die sie vom Schöpfergott erhalten hat.

Aus der Selbstbewegung der Seele leitet Platon ihre Unsterblichkeit her. Die Einzelseelen sind unsterbliche Seelen-Monaden, sich selbst bewegend, Abbilder der Weltseele, durch nichts Äußeres verursacht. Im Dialog *Phaidros* wird folgendermaßen argumentiert:

> Jede Seele ist unsterblich; denn das stets Bewegte ist unsterblich. Was aber ein anderes bewegt und von einem anderen bewegt wird, das hat, sofern es ein Aufhören der Bewegung hat, auch ein Aufhören des Lebens. [...] Hat man aber gesagt, dass das von sich selbst Bewegte unsterblich sei, so darf sich einer auch nicht schämen, es auszusprechen, dass eben dieses das Wesen und der Begriff der Seele sei.[45]

Die Einzelseele des Menschen stellt sich als ein komplexes Wesen dar; sie trägt drei Seelenanteile in sich, die miteinander um Vorherrschaft ringen. Unterschieden wird zwischen der *Vernunft- oder Geistseele* (λογιστικόν *logistikón*), die im reinen Denken und übersinnlichen Schauen aufgeht, der *muthaften Seele* (θυμοειδές *thymoeidés*), der alle höheren edleren Regungen wie Ehrgeiz, Mut und Hoffnung angehören, und der *triebhaften Begierdenseele*, dem Sitz des Geschlechtstriebs (ἐπιθυμητικόν *epithymētikón*) sowie aller Regungen der Lust und Unlust. Oft treten diese drei Seelenteile in Konflikt miteinander; angestrebt wird jedoch ein harmonischer Ausgleich zwischen ihnen unter der Ober-

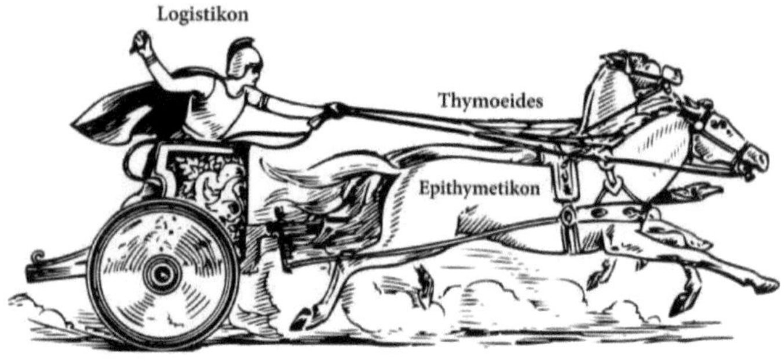

herrschaft der Geistseele. Und genau das versteht Platon unter wahrer Philosophie, dass der Geist zuoberst steht, dass er das Beherrschende, Regierende ist; hierbei darf Geist aber nicht im beschränkt-intellektuellen Sinn missverstanden werden. Von der *spirituellen Geistseele* ist hier vielmehr die Rede, dem Anteil des göttlichen Logos in uns, dem *logistikon*.

Und um die Oberherrschaft des Logistikon über die anderen Seelenteile zu demonstrieren, bringt Platon das Gleichnis von *Seelenwagen*. Er setzt die Seele mit einem zweirädrigen Streitwagen gleich, bei dem das Logistikon, also unser göttlicher Logos-Anteil, die Position des Wagenlenkers innehat; die beiden niederen Seelenkräfte sind ungebärdige Pferde, die streng am Zügel gehalten werden müssen. Dabei handeln die beiden Rosse durchaus gegensätzlich, Das Epithymetikon, die triebhafte Begierdenseele zieht beständig nach unten; sie will Genuss in der materiellen Sinnenwelt — Thymoeides jedoch, das Muthafte, Energetische, will eher nach oben streben, lässt sich viel eher vom Logos-Teil leiten, bringt jedoch auch ein Element des Wagemutes hinein, das der Logos-Teil allein vielleicht nicht aufgebracht hätte. So muss dieses Pferd noch etwas gezügelt werden, doch es bewegt sich immerhin in die richtige Richtung. Dieser Mythos vom Seelenwagen ist eine wunderbare Metapher für den Aufstiegsweg der menschlichen Seele zu den Göttern.

Denn dieses ganze Gespann, Mann und Ross und Wagen, ist ja auch noch *befiedert*. Mit *Befiederung* gebraucht Platon eine Metapher für eine feinmaterielle Stoffart, wie etwa die Astralmaterie oder mentale Substanz, die eher in der Lage ist, zu den göttlichen Überwelten aufzusteigen. Die Befiederung erlaubt es der Seele, sich in den höheren Welten aufzuhalten; die *Entfiederung* bewirkt einen Absturz in die dichtere, grobstoffliche Materie.

So gleiche sie [die Seele] denn der zusammengewachsenen Kraft eines gefiederten Gespanns und seines Wagenlenkers. Der Götter Rosse und Wagenlenker nun sind alle sowohl selbst gut als von guter Abkunft; die Art der anderen aber ist gemischt. Und zwar was uns betrifft, so lenkt der Führer erstens ein Doppelgespann; sodann ist ihm das eine der Rosse sowohl selbst edel und gut und von solcher Abkunft, das andere aber sowohl von gegenteiliger Abkunft als selbst das Gegenteil. Schwierig und unbeholfen ist da notwendig die Wagenlenkung bei uns.[46]

Die Götter verstehen offenbar ihren Seelenwagen besser zu lenken als die Menschen. Denn ihnen stehen wohl bessere Pferde, eine bessere Kraft der Befiederung zu Verfügung:

Des Gefieders Kraft ist, das Schwere nach oben zu führen, es emporhebend dahin, wo das Geschlecht der Götter wohnt. Von allem Körperlichen hat es am meisten teil an dem Göttlichen. Das Göttliche aber ist das Schöne, das Weise, das Gute und was sonst derartig ist. Von diesen nun nährt und kräftigt sich der Seele Gefieder am meisten; vom Hässlichen aber und Bösen und was sonst von jenem das Gegenteil ist, schwindet es und vergeht. Der große Herrscher im Himmel nun, Zeus, zieht den geflügelten Wagen treibend als erster aus, anordnend alles und besorgend; ihm aber folgt ein Heer von Göttern und Dämonen, in elf Scharen geordnet. Denn Hestia bleibt allein im Götterhimmel; von den andern aber führen die, welche in die Zahl der Zwölf als herrschende Götter gereiht sind, ihre Schar in der Reihe, in der jeder gereiht ist.[47]

Auf ihrem Umzug gelangen die Götter in eine transzendente Sphäre, die Platon als den *überhimmlischen Ort* (τόπος ὑπερουράνιος *tópos hyperouránios*) charakterisiert. Dort ist eine unmittelbare Schau der Ideen, der göttlichen Urbilder, möglich; der Begriff „überhimmlisch" soll wohl andeuten, dass dieser Ort jenseits der üblichen kosmischen Astralebenen liegt; es ist ein Ort auf einer unmittelbar-göttlichen Ebene, jenseits von Raum und Zeit, jenseits alles Geschaffenen. Es ist der Ort der höchsten mystischen Erhebung (falls man ihn überhaupt noch als „Ort" bezeichnen will).

Den überhimmlischen Ort aber hat noch nie einer der Dichter hienieden besungen, noch wird ihn je einer nach Würdigkeit besingen. Es verhält sich aber also damit: Denn wagen wenigstens muss man, das Wahre zu sagen, zumal wer von der Wahrheit spricht. Das farblose und gestaltlose und unberührbare wesenhaft seiende Wesen nämlich ist nur für den Lenker der Seele, den Geist, schaubar ...[48]

Der Lenker des Seelenwagens also, der Geist-Funke im Menschen, das Logistikon, vermag bis zum „überhimmlischen Ort" aufzusteigen und dort die Ideen zu

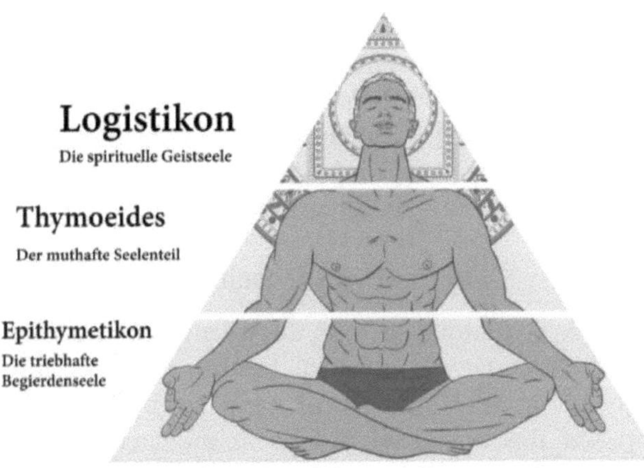

schauen; im irdischen Leben „erinnert" die Seele sich an das dort Geschaute, und so ist alles Erkennen nichts anderes als „Erinnerung". Hat die Seele aber die Ideen geschaut, muss sie wieder ins irdische Leben zurück; ein Umlauf dort dauert (nach Platon) 10.000 Jahre. Erst dann kann sie wieder zu jenem höchsten Kulminationspunkt allen Seins zurückkehren, die Schau der Ideen genießen und danach nochmals ins irdische Leben gehen. Der 10.000jährige Zyklus ist demnach auch ein Reinkarnationszyklus. Beim „wahrhaft Philosophierenden", also beim Eingeweihten, dauert der ganze Umlauf nur 3000 Jahre.

Das also ist die Seelenlehre, die esoterische Psychologie Platons — schwer verständlich bleibt sie der herkömmlichen akademischen Schulphilosophie, da Platon doch immer wieder Metaphern, Mythen, Gleichnisse verwendet, um das Nicht-Sagbare einer transzendenten geistigen Welt dennoch in Worte zu fassen; er redet aber immer in der Sprache der Eingeweihten. Nicht durch logisches Begriffsdenken, sondern nur durch geistige Schau kann das verstanden werden, was er sagt. Einem modernen, materialistisch ausgerichteten Bewusstsein wird dies alles nur rätselhaft erscheinen. Man muss ein übersinnliches Menschenbild zugrunde legen, wenn man die Psychologie Platons verstehen will, ihr auch gerecht werden will. — Denn Platon kündet, im besten Sinne, vom *Ewigen im Menschen*.

Die Seele im Jenseits

Bei der Seele, platonisch aufgefasst, muss immer ihre Prä- und Postexistenz mit berücksichtigt werden, also ihr Leben vor der Geburt und nach ihrem Tod. Nun wollen wir das Schicksal der Seele im nachtodlichen Leben betrachten. Platon macht recht genaue Angaben hierüber. Oft gebraucht er dabei allerdings Gleichnisse, Metaphern oder von ihm selbst erdachte Kunstmythen, um das Gesagte verständlich zu machen. Platon ist grundsätzlich der Ansicht, dass Schicksal und Werdegang der Seele nach dem Tod direkt abhängig ist von den Taten, die sie im Diesseits begangen hat. Ja, er hat auch die Vorstellung, dass die Seele nach Beendigung ihrer körperlichen Existenz im Jenseits Rechenschaft ablegen müsse für das, was sie getan hat; ja man kann regelrecht von einem Totengericht sprechen – eine Vorstellung, die den antiken Völkern, zumal den Ägyptern, sehr geläufig war.

In seinem Dialog *Gorgias* sagt Platon, dass die Seelen der Guten und Gerechten zu den Inseln der Seligen kommen, die der Ungerechten, Bösen und Hartherzigen aber in den Tartaros, den untersten Höllengrund. Dabei hat er zunächst nur landläufige mythologische Vorstellungen wiedergegeben. Er versäumt es aber nicht, solchen Vorstellungen auch einen höheren esoterischen Sinn zu verleihen. Das, was die Volksreligion sagt, muss nicht unbedingt irrtümlich sein; sie bringt nur bestimmte Bilder, denen durchaus eine höhere „Wahrheit" entsprechen kann. Betrachten wir hier nun die Aussage im Dialog *Gorgias*:

> Nun galt unter Kronos das Gesetz unter den Menschen, das auch jetzt noch wie immer unter den Göttern besteht, dass der Mensch, welcher sein Leben bis zu Ende gerecht und fromm geführt habe, nach seinem Tode auf die Inseln der Seligen kommen und dort in aller Art von Glückseligkeit frei von Leiden wohnen solle; wer aber ungerecht und gottlos gelebt habe, solle in das Gefängnis der Rache und Vergeltung kommen, welches man bekanntlich Tartarus nennt.[49]

Platon nennt dann auch drei Totenrichter, die von Zeus eingesetzt über das Schicksal der Seelen zu entscheiden haben, *Minos, Rhadamanthys* und *Aiakos*; dabei habe Rhadamanthys über die Gestorbenen aus Asien zu richten, Aiakos über die aus Europa und Minos habe im Falle von Unstimmigkeit den Ausschlag zu geben. Man kann dies als eine freie mythologische Ausschmückung des Gedankens betrachten. Entscheidend bleibt jedoch die Einsicht, dass die Seele für ihr Handeln selbst verantwortlich ist und dass sie mit ihren Taten, guten oder bösen, den Keim ihres künftigen Schicksals legt.

Wichtiger noch als die Frage nach dem Wohnort der Seelen im Jenseits ist die Frage, *wie denn die künftige Reinkarnation der Seele auf Erden vorbereitet wird*. Denn der Reinkarnationsgedanke, oftmals auch weniger zutreffend „Seelenwanderung" genannt (im späteren Griechisch μετεμψύχωσις *metempsýchōsis*, auch παλιγγενεσία *palingenesía*) steht bei Platon unbestreitbar im Mittelpunkt, wobei er diesen Gedanken eindeutig von den Pythagoreern und aus den Orphischen Mysterien übernommen hat. Das Jenseits ist der Ort, an dem die künftige Reinkarnation in der Erdenwelt vorbereitet wird – wobei es auch hier wieder die Taten der Seele sind, die den Keim für ihre künftige Existenz legen.

Nirgendwo sonst hat Platon so tiefen Einblick in die Geheimnisse des nachtodlichen (und vorgeburtlichen) Lebens gewährt als in seinem Hauptwerk *Politeia* (Der Staat), und dort besonders in dem berühmten Schluss-mythos, den man wohl mit einem modernen Wort als eine „Nahtoderfahrung" bezeichnen könnte. Worum geht es? Berichtet wird von einem Mann namens Er, ein Sohn des Armenios, von Geburt Pamphylier, der in einer Schlacht gefallen war, nach zehn Tagen aber, als die Leichen der anderen schon verwest waren, immer noch unversehrt vorgefunden wurde. Am zwölften Tag nach seinem Tod, schon auf dem Scheiterhaufen liegend, erwachte er plötzlich wieder zum Leben und erzählte, was er dort im Jenseits gesehen und erlebt hat. Er erzählte, wie die Seelen nach ihrer jeweiligen Lebensweise in die Unterwelt verbannt und gereinigt oder an einen himmlischen Ort versetzt wurden. Nach tausend Jahren werden sie zur *Spindel der Ananke* geführt, welche die Gestirne in Bewegung hält.

Von den *Moiren* beaufsichtigt, wählen sie dort aus verschiedenen Lebensmodellen dasjenige, das sie künftig verwirklichen wollen, und begeben sich erneut in die Inkarnation. Es wird erzählt, dass die zur Inkarnation bestimmten Seelen sich gemeinsam an einen Ort begeben hätten, an dem sie einen senkrechten Lichtstrom sahen, der von oben vom Himmel her kam und die Erde durchdrang, irisierend, schimmernd, einem Regenbogen vergleichbar; es war die senkrechte *Weltachse*, die Himmel, Erde und Unterwelt miteinander verbindet [*axis mundi*]. Am oberen Ende der Weltachse ist die *Spindel der Notwendigkeit* befestigt, die von den drei

Moiren *Lachesis, Klotho* und *Atropos* ständig in drehender Bewegung gehalten wird. Die drei Moiren sind Schicksalsgöttinnen – sie sitzen auf Thronen, die Spindel drehend, und verkörpern ein unpersönliches kosmisches Schicksalsgesetz, dem Menschen wie Götter gleichermaßen unterworfen sind.

Nun werden die zu Füßen der großen Weltenspindel versammelten Seelen aufgefordert, sich einen *Daimon* für ein künftiges Leben zu erwählen. Ein Daimon ist eine Art Halbgott, irgendwo zwischen Göttern und Menschen angesiedelt, der als Bevollmächtigter des Schicksals den Menschen durch sein künftiges Erdenleben zu begleiten hat. Nun trat ein Herold zu den Seelen herzu und richtete folgende Worte an sie:

Der Jungfrau Lachesis, der Notwendigkeit Tochter, Wort. – Eintagsseelen! Der Anfang eines neuen, wiederum todbringenden Lebens ist für das Geschlecht der Sterblichen gekommen. Nicht der Dämon wird euch erlosen; ihr selber sollt euch einen Dämon wählen. Wem das erste Los fällt, der trete als erster heran und wähle sich ein Leben aus. Er bleibt unwiderruflich an dasselbe gebunden. Die Tugend gehört niemandem zu eigen. Je nachdem sie einer in Ehren hält oder geringschätzt, wird er sie gewinnen oder nicht gewinnen. Die Schuld trägt der Wählende. Der Gott ist ohne Schuld.[50]

Nach diesen Worten warf der Herold Lose über die Seelen hin, und jede hob dasjenige auf, das neben ihr lag. Dann wurden Lebensbilder vor sie hingestellt, weit mehr, als Wählende vorhanden waren: Lebensläufe von Tyrannen, Bettlern, von angesehenen Menschen und von Unbekannten. Beim Auswählen des Lebenslaufes verhielt sich manche Seele voreilig:

Sowie nun der erste herantritt, wählte er die mächtigs-
te Tyrannenherrschaft. Er war so unverständig und
gierig, dass er gar nicht genau hinsah und die Schick-
sale nicht bemerkte, die daran geknüpft waren, nämlich dass er seine eigenen Kinder essen musste und
anderes. Als er ruhig musterte, was er da gewählt hatte, schlug er sich, klagte und bereute, dass er die Mah-
nung des Herolds nicht im Sinne behalten hätte. Er gab
aber die Schuld daran nicht sich selber, sondern dem
Schicksal, den Dämonen und allem anderen, nur nicht
sich selber. (....)[51]

Nachdem alle Seelen ihr Leben gewählt haben, gin-
gen sie in der Reihenfolge der Lose zur Lachesis, einer
der drei Moiren; diese gab jeder den Dämon mit, den sie
sich erwählt hat, damit er über ihr Leben wache und die
getroffene Wahl verwirkliche. Dadurch wurde das
Schicksal besiegelt und die Wahl unabänderlich. Anschließend wird geschildert, wie die Seelen aus dem
Lethe-Fluss trinken, der sie alle Erlebnisse in der Geistigen Welt vergessen lässt. Dann werden sie ins Werden
geschickt: sie schießen hinab zur Erde wie fallende Sterne, jede in einen anderen Körper, um unter Anleitung
ihres Dämons das von ihnen erwählte Schicksal auf Erden auszuleben. *Die Verantwortung für die Wahl trägt kein
Gott und kein Dämon, sondern allein – der Wählende selbst!*

Der Daimon als Seelenbegleiter

Entscheidend ist hier der Satz: „*Nicht der Dämon wird
euch erlosen; ihr selber sollt euch einen Dämon wählen*" –
Der Begriff Dämon mag dem heutigen Leser vielleicht
befremdlich erscheinen. Doch muss man berücksichti-
gen, dass das Wort *daimon* erst nachträglich einer Sinn-
änderung unterzogen wurde, indem es ursprünglich
eine göttlich-numinose Macht, später aber etwas Anti-

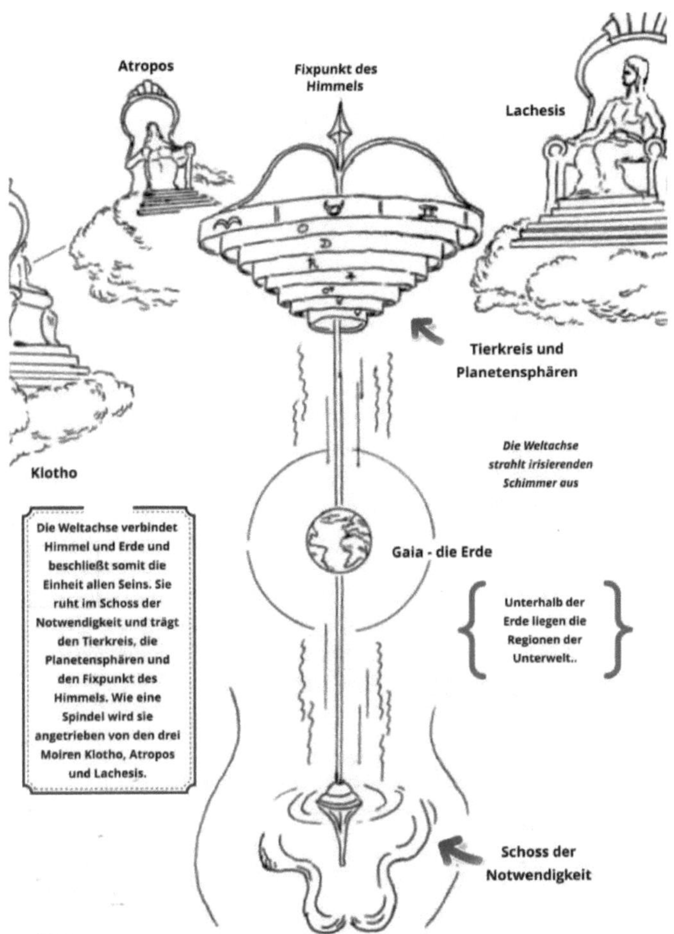

göttliches, „Dämonisches" bezeichnete. Dieser Bedeutungswandel geht insbesondere auf das Christentum zurück, das seit den Kirchenvätern eine eigene Dämonologie herausbildete, in der mythische Gestalten der heidnischen Antike umgedeutet und einer fiktiven Gegenwelt Satans zugeordnet wurden. Wir wollen jedoch auf den ursprünglichen, antiken, nicht durch das Christentum verfälschten Sinn des Wortes „Dämon" zurückgehen. Unter Dämonen, *daimones*, verstanden die Griechen halbgöttliche Wesen, die als Mittlerwesen zwischen den Menschen und Göttern fungierten. Diese Anschauung, wohl die der Volksreligion, wird bei Platon in seinem Dialog *Das Gastmahl* wiedergegeben:

> Das Reich der Dämonen liegt zwischen Göttern und Menschen. (....) Sie vermitteln den Göttern die Gebete und Opfer der Menschen, den Menschen überbringen sie den Willen der Götter und die Gegengaben für Opfer. Sie füllen die Kluft zwischen beiden, sodass sich das All zusammenfügt. Durch sie vollzieht sich jede Seherkunst und die Weisheit der Priester bei Opfern und Weihen und Beschwörungen und bei jeglicher Wahrsagung und Zauberei. Gott steigt nicht zum Menschen hernieder, – nur durch Dämonen gibt es Verkehr und Zwiesprache der Götter mit den Menschen, im Wachen und im Traum. Wer weise ist in diesen Dingen, der ist ein dämonischer Mensch; dagegen ist ein Banause, wer sonst in einer Kunst oder einem Handwerk Bescheid weiß.[52]

Der Begriff des Daimon hat in der griechischen Religionsgeschichte eine durchaus wechselnde Bedeutung gehabt. Bei Homer begegnen wir den halbgöttlichen Dämonen, aber noch ganz in die Außenwelt projiziert; in jüngerer Zeit verschiebt sich der Begriff des Daimon mehr in das Innere des Menschen, wenn z. B. Heraklit den innersten Charakter des Menschen als seinen Daimon bezeichnet. Zugleich wachsen die Einzelgestalten der Dämonen zu dem eher abstrakten Neutrum des *daimonion* („das Dämonische") zusammen. In diesem Sinne spricht Sokrates in seiner berühmten Verteidigungsrede vor Gericht von seinem „daimonion" als einer Inneren

Stimme, die ihn als eine Art Ratgeber durch das Leben begleitet; er spricht davon, dass ein Göttliches zu ihm gesprochen hätte, das ihm stets von irgendetwas abrate, ihn aber nie zu etwas antreibe.

Die Dämonen besaßen in Griechenland keinen eigenen Kult; die späteren Philosophen – vor allem natürlich Sokrates – setzten sie mit dem Göttlichen im Menschen, mit der inneren göttlichen Stimme gleich. Eine weitere Entwicklung des Begriffs lag nun darin, dass der Dämon als der persönliche Schutzgeist gedacht wurde, der jeden Einzelnen auf seinem Lebensweg begleitete und ermächtigt war, menschliches Schicksal zum Guten oder Bösen zu wenden. Vielfach wollte man den Dämon auch für alles Verhängnisvolle verantwortlich machen, der in diesem Sinne dem Begriff *Tyche* (Schicksal) nahekam. Auch die Römer kannten einen persönlichen Schutzgeist des Menschen, den sie den *Genius* nannten; er begleitete den Menschen sein ganzes Leben hindurch. Er wurde am Geburtstag der jeweiligen Person gefeiert und meist als Schlange dargestellt. Platon sieht den Daimon als Innere Stimme, Ratgeber und Lebensbegleiter des Menschen. Dieser Ansicht hat er mehrfach in seinem Werk Ausdruck gegeben. Nehmen wir nur folgende Stelle:

Wer sagt dir denn, dass du gerade so große Macht habest wie Zeus? Nichtsdestoweniger hat er einem jeden einen Aufseher an die Seite gestellt, nämlich den Daimon eines jeden, und diesem hat er seine Bewachung anvertraut, und zwar ohne dass er schlummert oder sich hintergehen lässt. Denn wo sonst gäbe es einen besseren oder sorgsameren Wächter, dem er einen jeden von uns hätte anvertrauen können? Darum, wenn ihr die Türen verschließt und das Zimmer finster macht, so lasst euch doch niemals einfallen zu sagen: Jetzt sind wir allein. Denn ihr seid es nicht, sondern

Gott ist bei euch drinnen und euer Schutzgeist (Daimon). Die bedürfen des Lichtes nicht um zu sehen,
was ihr tut. Diesem Gotte solltet auch ihr einen Eid
schwören, wie die Soldaten dem Kaiser.[53]

Ob Genius oder Dämon – er ist unser ewiger innerer
Lebensbegleiter. Was bedeutet nun das *diamonion*, esoterisch gesehen? Platon hat in seiner Deutung des
Schicksalsbegriffs recht, wenn er sagt: Der Daimon ist
keine äußere, fremde, über dem Menschen waltende
Macht, die irgendein unentrinnbares Fatum über ihn
verhängt, sondern der Mensch ist insofern frei, als er
sich seinen Daimon selbst erwählt. Die Seele hat sich in
ihrer vorgeburtlichen Existenz das Los ihres künftigen
Lebens selbst ausgesucht, und dem Daimon fällt nur die
Aufgabe zu, über die Einhaltung dieses Lebensplanes
zu wachen. Das *daimonion* ist Helfer und ausführendes
Organ des Höheren Selbst, deren in Raum und Zeit in-
karnierter Teilaspekt die Summe unserer Existenz darstellt. Der Daimon ist der Mittler zwischen unserer gegenwärtigen Existenz und der in Ewigkeit waltenden
Macht, in der unser eigentliches Sein gründet.

Wiederholte Erdenleben

Platon, ein Wissender, der in die ägyptischen Mysterien
eingeweiht war, hat viel Fleiß darauf verwandt, die
Unvergänglichkeit und Unsterblichkeit der menschlichen Seele mit Hilfe von Denkschlüssen nachzuweisen.
Er war davon überzeugt, dass die Seele sich ihrer früheren Existenzen auf Erden wie auch ihrer Zwischenauf-
enthalte im Jenseits erinnern könne. Deshalb sei alles
Wissen im Grunde nur Erinnerung. In seiner *Geschichte
der Philosophie* schreibt Johannes Hirschberger: „Platon
hat nirgends einen strikten Beweis für die Selenwande-

rung gegeben. Er trägt nur den von höchster künstlerischer Gestaltungskraft und ebenso hohem Ethos und Pathos beseelten Mythos vor. War ihm die pythagoreische Tradition, aus der diese Gedankengänge stammen, Begründung genug? Oder lag ihm an der Seelenwanderungslehre selbst nicht so viel, sondern kam es ihm nur an auf die Verkündigung der Willensfreiheit und des Verantwortungsbewusstseins?"[54]

Sicher sind Freiheit und Selbstverantwortung die beiden tragenden Pfeiler der platonischen Reinkarnations-Philosophie. Platon hielt übrigens auch eine Reinkarnation in Tierkörpern für möglich – eine aus dem volkstümlichen Hinduismus bekannte Anschauung. Im Dialog *Phaidros* lesen wir:

Da gelangt nun eine menschliche Seele auch wohl in den Lebensstand eines Tieres, und aus einem Tier einer, der ehedem ein Mensch gewesen, wieder in einen Menschen. Nur eine Seele, die die Wahrheit freilich gar nie gesehen hat, wird nicht in diese Gestalt kommen.[55]

Die Vorstellung einer Reinkarnation in Tiergestalt, was immer man von ihr halten mag, war auch bei Orphikern und Pythagoreern verbreitet. Der erste abendländische Weise jedoch, der den Gedanken der Reinkarnation öffentlich lehrte, war der Grieche *Pherekydes von Syros*, der im 6. Jahrhundert v. Chr. gelebt hat. Über ihn schreibt ein späterer Autor: „Pherekydes soll, wie einige erzählen, zum erstenmal ein Schriftwerk in Prosaform verfasst haben ... Als erster soll er auch die Lehre von der Seelenwanderung (metempsychosis) aufgebracht haben."[56]

Pherekydes, der Weise von der Kykladeninsel Syros, darf mit ziemlicher Sicherheit als der Lehrer des berühmten *Pythagoras von Samos* (569–471 v. Chr.) gelten.

Über ihn, einen überzeugten Vegetarier, der tierisches Leben hoch zu achten wusste, berichtet die Legende folgendes: „Und – wie erzählt wird – er sei einmal vorbeigegangen, als ein junger Hund geschlagen wurde; da habe er Mitleid empfunden und die Worte gesprochen: Höre auf und schlage ihn nicht. Denn in ihm ist die Seele eines befreundeten Mannes, die ich wiedererkannte, als ich ihre Stimme vernahm."[57]

Ein Schüler und Nachfolger des Pythagoras, Empedokles von Agrigent (490–430 v. Chr.), schreibt in seinem *Reinigungslied*:

> Selbst schon ward ich geboren als Knabe und
> Mädchen und war schon Pflanze und Vogel und
> stummer Fisch in den Fluten des Meeres.
>
> Schließlich werden die Weisen zu Sehern und
> Sängern und Ärzten, oder sie walten als Fürsten
> im Kreis der sterblichen Menschen.
>
> Und aus solchen erwachsen zu Göttern sie
> herrlich an Ehren, teilen den Herd und den Tisch
> der andern Unsterblichen wieder, frei und ledig
> von menschlichem Leid, unwandelbar ewig.[58]

Empedokles glaubt an eine 30.000 Jahre währende Seelenwanderung durch alle Lebensformen – Pflanzen, Tiere, Menschen –, die ihrer Reinigung und Entsühnung dient. Als höchste menschliche Existenzformen gelten die Seher, Sänger, Ärzte und Fürsten, die eine unmittelbare Vorstufe zu den Göttern darstellen. So zieht sich eine große evolutionäre Kette durch alle Stadien des Seins bis zu den Göttern empor.

Nicht nur die Griechen, auch Germanen, Kelten und viele andere Völker des Alten Europa wussten um die Reinkarnation, um diese Wanderung des Menschengeistes durch die irdische Stoffeswelt. Der Germane glaubte, in den Gestalten seiner blutsmäßigen Nachkommen auf Erden selbst wieder zu erscheinen, wie er auch unter seinen Ahnen frühere Verkörperungen seines eigenen geistigen Ichs zu erkennen glaubte. Dass die esoterisch eingeweihten Priester der Kelten – die *Druiden* – tiefen Einblick in das Weltgesetz der irdischen Wiederverkörperung besaßen, gibt Cäsar in seinem Kriegstagebuch *Bellum Gallicum* zu verstehen, wo er schreibt: „Vor allem wollen sie (die Druiden) die Überzeugung hervorrufen, dass die Seelen nicht vergehen, sondern nach dem Tode von einem zum anderen wandern. Sie glauben, dass vor allem durch diese Lehre, wenn die Todesfurcht beseitigt sei, zur Tapferkeit angespornt werde."[59]

Das antike Europa besaß ein Wissen um die Reinkarnation; es war unter der vielleicht etwas unglücklichen Bezeichnung „Seelenwanderung" oder (griech.) *Metempsychose* bekannt. Neben den Eingeweihten der Kelten und Griechen, den Druiden und Pythagoreern, nennen wir noch bedeutende Philosophen des Abendlandes wie *Giordano Bruno* (1548–1600), *Gotthold Ephraim Lessing* (1729–1781) und natürlich *J. W. Goethe* als Vertreter des Menschheits-Gedankens der Reinkarnation, dessen Universalität in West und Ost sich besser als jeder andere nachweisen lässt.

Und wie sieht es im Christentum aus? Auf dem Ölberg lässt Christus seine Jünger wissen, Johannes der Täufer sei eine Wiederverkörperung des Propheten Elias gewesen: „Und seine Jünger fragten ihn und sprachen: Warum sagen denn die Schriftgelehrten, zuerst müsse Elia kommen? Jesus antwortete und sprach zu ihnen: Elia soll freilich kommen und alles zurechtbringen. Doch ich sage euch: *Elia ist schon gekommen*, aber sie haben ihn nicht erkannt, sondern haben mit ihm getan, was sie wollten. So wird auch der Menschensohn durch sie leiden müssen. Da verstanden die Jünger, dass er von *Johannes dem Täufer* zu ihnen geredet hatte." (Mt. 17 /10-13) Die hier angeführte Bibelstelle müsste völlig unverständlich bleiben, wenn man bei ihrer Deutung nicht die Idee der wiederholten Erdenleben einbezieht. Die etablierte Kirche sah sich freilich nicht daran gehindert, schon die Idee der vorgeburtlichen Existenz der Menschenseele für ketzerisch zu erklären (auf dem Konzil zu Konstantinopel im Jahre 543).

In unserer gegenwärtigen Übergangs- und Wendezeit erleben wir, dass das Wissen des Menschen auf allen Lebensgebieten über die Grenzen des Materiellen hinaus erweitert wird. Diese notwendige Wissens-Erweiterung zum Geistigen betrifft auch das Gebiet der vorgeburtlichen und nachtodlichen Existenz des Menschen: Schon heute vermögen sich immer mehr Menschen an ihre früheren Existenzen auf Erden zu erinnern. Eine Gallup-Umfrage aus dem Jahr 1981 hat immerhin das Ergebnis gebracht, dass nunmehr 23 % der erwachsenen Bevölkerung der USA die Reinkarnation für eine Tatsache halten, und neuere Umfragen zeigen eine stark ansteigende Tendenz. Der Reinkarnationsgedanke steht im Begriff, sich in den Ländern des Westens ein neues Heimatrecht zu erwerben.

Die Weltentstehungslehre

Die esoterische Kosmologie Platons, vor allem seine Weltentstehungslehre — seine *Kosmogenesis* —, finden wir hauptsächlich in dem als Alterswerk bekannten Dialog *Timaios* dargestellt. Er ist benannt nach einer durchaus historischen Person, Timaios von Lokroi, einem Philosophen aus der Schule des Pythagoras, den Platon im griechisch besiedelten Süditalien besucht hat.

Der Dialog handelt nach einem kurzen Exkurs über Atlantis von den Werken des Schöpfergottes, dem Ursprung der Weltseele und der Einzelseelen und schließlich von den Geheimnissen der Seelenwanderung und den Elementen der Natur. Von allen Werken Platons hat der *Timaios* die nachhaltigste Wirkung entfaltet; im Mittelalter blieb er bis ins 12. Jahrhundert das einzige den lateinsprachigen Gelehrten zugängliche Werk des antiken Denkers. Seine Wirkung erstreckte sich auf die *Schule von Chartres*, deren Mitglieder sich bemühten, den biblischen Schöpfungsglauben mit dem Weltbild des *Timaios* in Einklang zu bringen.

Im Mittelpunkt des Dialoges steht die Weltschöpfung durch den Demiurgen, den *logos demiurgos* — aber dieses Schöpfungswerk stellt sich doch ganz anders dar als in christlicher Deutung. Hier gibt es zumal keine *creatio ex nihilo* („Schöpfung aus dem Nichts"); nein der Demiurg gestaltet die Welt vielmehr aus dem bereits von ihm vorgefundenen Material, der chaotisch-formlosen Urmaterie. Der Demiurg ist auch nicht der höchste aller Götter, sondern nur der Baumeister der materiellen Welt, der daher nur einen begrenzten Auftrag innerhalb des Weltganzen ausführt. Und schließlich findet die Weltschöpfung nicht als ein einmaliger Akt zu einer bestimmten historischen Stunde statt, sondern ist symbolisch als ein permanenter Prozess der Schöpfung zu denken. Als eine *creatio continua*.

Den Schöpfer und Vater dieses Alls zu finden ist freilich schwierig, und wenn man ihn gefunden hat, ist es unmöglich, sich für alle verständlich über ihn auszusprechen; doch muss man in betreff seiner wiederum dies untersuchen, nach welchem von beiderlei Urbildern er als Baumeister die Welt gebildet hat, ob nach derjenigen, welches stets dasselbe und unverändert bleibt, oder aber nach dem Entstandenen. Wenn nun aber doch diese Welt schön und vortrefflich und der Meister gut und vollkommen ist, so ist es offenbar, dass er nach dem Ewigen schaute; wenn dagegen der Fall eintritt, welches auch nicht einmal auszusprechen erlaubt ist, dann nach dem Entstandenen. Eben hiernach ist es nun schon jedermann klar, dass er nach dem Ewigen blickte, denn die Welt ist das Schönste von allem Entstandenen, und der Meister ist der beste und vollkommenste von allen Urhebern.[60]

Die Welt ist also nur Abbild; der Demiurg schaute nach dem Ewigen, als er sie nachbildete, die nur deshalb so vortrefflich und vollkommen aussieht, weil sie die ewig-präexistierenden Ideen widerspiegelt. Die eigentliche Urschöpfung befindet sich im Geistigen. Und wie immer orientiert sich Platon am Ewigen, Unvergänglichen, Geistigen, wenn er auf die Ursprünge der materiellen Welt zu sprechen kommt. Der Demiurg erschaut auf den über ihm liegenden Ebenen die göttlichen Ideen, mit denen er die Weltseele imprägniert, sodass diese nun in die Lage gesetzt ist, nach Maßgabe der Ideen sinnliche Gegenstände hervorzubringen. Die Weltseele durchdringt alles Geschaffene; den Körper der Welt aber bildete der Demiurg aus den vier Elementen Feuer, Erde, Luft und Wasser.

Die Weltseele durchdringt den Weltkörper, und die Welt insgesamt ist bei Platon ein einziges, großes Lebewesen, sozusagen ein vergrößerter Mensch. Mit der Bildung des Weltkörpers ist nun aber auch Zeit und Bewegung in die Schöpfung hinein gekommen. Also erschuf der Demiurg als Maßgeber der Zeit die sieben Planeten, die immerdar in ihren Kreisbahnen rotieren. Die Erde brachte er an der das Weltall senkrecht durchragenden Weltachse an. Diese sieben Planeten sind gleichsam die sichtbaren Götter. Aber auch diese sind schöpferische, weltgestaltende Mächte. Ihnen kommt die Aufgabe zu, die Körper der Menschen sowie alles tierische und pflanzliche Leben auf Erden zu erschaffen. Was nun noch fehlt im Schöpfungsgefüge, ist der Mensch. Aus dem Mischkrug, in dem er die Teile der Weltseele zusammenband, erschuf der Demiurg die menschlichen Seelen, deren jeder er einen Stern zuwies; verfehlen die Seelen aber, so müssen sie ihren langen Lauf durch die Inkarnationen antreten; dieser kann, im schlimmsten Falle, auch bis in die Niederungen der tierischen Existenz hinabführen.

Soviel zur platonischen Kosmologie; entscheidend ist dabei, dass Platon das Diesseits keineswegs als ein Jammertal begreift, sondern als ein vom göttlichen Geist durchdrungenes Weltganzes; er nennt die Welt ein *„beseeltes und in Wahrheit mit Vernunft begabtes Lebendes"*[61], ja ein *„Schmuckstück für die ewigen Götter"*[62], dabei der ursprünglichen Bedeutung des Wortes Kosmos eingedenk, das sowohl „Schmuck, Zierde" als auch „sinnvolle Ordnung" bedeutet.

Das Urbild des Staates

Platon hat in seinem Dialog *Politeia* einen utopischen Idealstaat entworfen, der sowohl theokratische als auch staatssozialistische, in gewisser Hinsicht sogar „kommunistische" Züge trägt. Freilich, dieser „Kommunismus" war nicht ein materialistischer, sondern ein *spiritueller Kommunismus*, der sich mit logischer Konsequenz aus der Ideenlehre und damit aus der Gesamttendenz der Philosophie Platons ergibt. Nach der Ideenlehre sind die sinnlich erfahrbaren Einzeldinge dieser Welt Abbilder des im Reich der Ideen beheimateten Urbildes. Stets wird das Einzelne, das Besondere aus dem Allgemeinen entwickelt, stets befindet sich das Einzelne in

Abhängigkeit zum Allgemeinen. In Platons utopischem Idealstaat, einem dreigegliederten Sozialen Organismus, steht das Individuum grundsätzlich in Bezug zur Gesamtheit, nicht im Sinne einer reinen Unterordnung, sondern vielmehr im Sinne einer Teilhabe an einem größeren Ganzen.

Es gibt keinen isolierten Individualismus, keinen sozialen Atomismus im Modell der *Politeia*, sondern es zählt vielmehr der Soziale Organismus als Ganzes, der als die Widerspiegelung einer göttlichen Idee gesehen wird. Als völlig verfehlt muss es jedoch gelten, die Erfahrungen des 20. Jahrhunderts mit dem Totalitarismus auf Platons idealkommunistischen Idealstaat zu projizieren, ihn etwa mit der Sowjetunion unter Stalin zu vergleichen. In diesem Sinne meint Hans Joachim Störig, „dass vieles bei Platon an die modernen totalitären Staaten erinnert, zum Beispiel die eugenischen (auf Reinhaltung und Verbesserung der Rasse gerichteten) Maßnahmen an den Nationalsozialismus, der wirtschaftliche Kommunismus an die Sowjetunion; anderes, wie die Herrschaft einer durch Auslese aus allen Schichten gewonnenen geistigen Führungsschicht, an die katholische Kirche und an den Jesuitenstaat in Paraguay."[63] Aber solche Vergleiche müssen fehlgehen: schon aus der räumlichen Beschränkung – die platonische Polis soll nicht mehr als 5040 Familien umfassen – geht deutlich hervor, dass nicht an einen modernen Nationalstaat gedacht werden kann; es handelt sich wohl eher um spirituelle Musterkolonien, den indischen *Ashrams* vergleichbar.

Platon erhofft sich von seinem Idealsaat die Verwirklichung vollkommener Gerechtigkeit; er ist seinem ganzen Fühlen nach Sozialist, aber im Sinne eines organischen und spirituellen Sozialismus. Gerechtigkeit ist bei

Platon der Zentralwert, aber die Gerechtigkeit kann seiner Meinung nach nicht als Individualtugend getätigt werden, sondern nur im Verbund mit anderen Menschen. Um zu sehen, wie die Gerechtigkeit im Einzelmenschen wirkt, müsse man zuerst sehen, wie sie im Gemeinschaftsverband wirkt. Hier tritt schon ganz deutlich Platons sozial-organischer Denkansatz hervor. Gegen Ende des Buches resümiert er:

> Wir hatten angenommen, wir würden die Gerechtigkeit beim einzelnen Menschen besser erkennen, wenn wir diese Eigenschaft zunächst an einem größeren Gegenstande zu erkennen suchten. Der Staat schien uns dieser größere Gegenstand zu sein. Wir gründeten daher einen möglichst vollkommenen; denn in ihm musste ja die Gerechtigkeit enthalten sein. Was wir in ihm gefunden haben, werden wir nun auf den Menschen übertragen.[64]

Der Denkweg ist also ein rein deduktiver: von der allgemeinen Gerechtigkeit wird auf die individuelle geschlossen, und nicht umgekehrt.

Um die allgemeine Gerechtigkeit herauszufinden, haben die im Buch auftretenden Dialogpartner einen fiktiven Staat gegründet. Dieser Staat, wohl bemerkt, ist als reines Gedankenprodukt gedacht, nicht etwa als eine Insel in unermesslicher Ferne. Rein hypothetisch ist dieser Idealstaat, streng nach den Maßstäben der Gerechtigkeit errichtet. Dabei handelt es sich bei diesem Staat um eine besondere Form der Monarchie, um eine Philosophen-Königsherrschaft, ein in vieler Hinsicht der hinduistischen Gesellschaft ähnliches System: an der Spitze steht – vergleichbar den *Brahmanas* – die Kaste der Philosophen-Könige; ihnen folgt die Kriegerkaste, die Wächter oder im Indischen die *Kschatriyas*, und zuletzt folgt die Händlerkaste, die Gewerbetreibenden, bei den Indern *Vaishyas* genannt. Man kann diese drei Stände kurz als Lehrstand, Wehrstand, Nährstand bezeichnen; dies entspricht auch den drei elementaren Teilbereichen des Sozialen Organismus: dem Geistesleben, dem Rechtsleben und dem Wirtschaftsleben.

So hat Platon als erster eine Theorie der *Sozialen Dreigliederung* aufgestellt, indem er den Philosophen, den Wächtern und den Handeltreibenden – Geistesleben, Rechtsleben, Wirtschaftsleben – ihre je eigenen Lebenskreise zuwies. Um eine Theokratie im üblichen Sinne handelt es sich keineswegs, da die politische Macht ja nicht unmittelbar von den Philosophen ausgeübt wird, sondern diese nur rein ideell die Oberherrschaft über das Gemeinwesen ausüben. Die Philosophen-Könige, den indischen Brahmanen vergleichbar, gehören nur dem Geistesleben an; die Ausübung der politischen Macht im engeren Sinne bleibt den Wächtern vorbehalten. Und worin besteht nun, nach Platon, die Gerechtigkeit? Platon geht es grundsätzlich nur um die Idee der Gerechtigkeit, um ihr geistiges Urbild. Im Vierten Buch der *Politeia* lesen wir, „das Festhalten der drei Stände, des gewerblichen, des Gehilfen- und des Wächterstandes an ihren Aufgaben, so dass jeder die seinigen erfüllt, ist Gerechtigkeit."[65] Auf eine Kurzformel gebracht: Bei Platon wird „als Gerechtigkeit anerkannt, dass man das Seine hat und das Gehörige tut."[66]

Jedem das Seine also, *suum cuique* – das ist die allgemeine Maxime der Gerechtigkeit, die in Platons Idealstaat durchgeführt wird, ganz im Unterschied zum modernen Staatssozialismus, der dem Grundsatz „Jedem das Gleiche" folgt. Von allgemeiner Gleichmacherei, gar von Gleichschaltung, kann in Platons Sozialem Organismus keine Rede sein. Daher wird auch der „Kommunismus" – der ein spiritueller, kein materialistischer ist – nicht wie später bei Marx als allgemeine Maxime der Gesellschaft angewendet, sondern in seiner Geltung nur auf den Stand der Wächter eingeschränkt.

Als Vorbild mögen Platon die kleinen kommunistisch-klösterlichen Lebensgemeinschaften der Pythagoreer in Süditalien, die er teilweise aus eigener Anschauung kannte, vorgeschwebt haben. Auf jeden Fall handelt es sich um einen „elitären", auf einen kleinen Zirkel von Menschen eingeschränkten „Kommunismus" mit asketischen Zügen. Man kann sich fragen, ob die Wächter, die solchen asketisch-kommunistischen Regeln unterliegen, sich in diesem System besonders glücklich gefühlt haben dürften. Hierauf erwidert Platon:

Jedoch haben wir unseren Staat gar nicht in der Absicht gegründet, dass sich ein einzelner Stand besonders glücklich fühlen sollte. Wir haben das Glück der Gesamtheit im Auge gehabt. In solchem glücklichen Staate hofften wir nämlich die Gerechtigkeit zu finden, wie umgekehrt in dem schlechtest verwalteten die Ungerechtigkeit.[67]

Jeder partielle Stände-Egoismus, jedes Einzelglück auf Kosten des Glücks Aller, wird also abgelehnt.

Wir müssen uns entscheiden: entweder haben wir bei der Lebensgestaltung der Wächter ihr eigenes vollkommenes Glück im Auge oder wir denken an den Staat als ganzen und suchen ihm dies Glück zu verschaffen; die Wächter und ihre Gehilfen aber nötigen und überreden wir, nach möglichster Vervollkommnung in ihrem Gewerbe zu trachten, ebenso wie alle übrigen Stände.[68]

Der Begriff Glück stellt einen für das sozialphilosophische Denken aller Zeiten maßgeblichen Bestandteil dar. Bei Platon gibt es grundsätzlich nur ein Gesamtglück, an dem die einzelnen Individuen und Stände jedoch uneingeschränkt partizipieren können. Die Vorstellung eines vom gesellschaftlichen Ganzen losgelösten Glücks, gar eines egoistischen Sichdurchsetzens gegen Solche typisch modern-liberalistischen Vorstellungen sind Platon wesensfremd. Deshalb ist sein Staat aber kein Zwangsstaat, sein Begriff der Gerechtigkeit nicht kollektivistisch. Das Einzige, was man der *Politeia* vorwerfen kann, ist die Beschränkung der Geistesfreiheit, die in den pädagogischen Richtlinien für die Wächter, in der Zensur gegenüber der Dichtkunst sowie in der Instrumentalisierung von Musik und Kunst zum Ausdruck kommt. So glaubt denn H.-J. Störig, „dass Platon aus der in seinen Lebenserfahrungen begründeten Angst vor Missbrauch demokratischer Rechte und geistiger Freiheiten wohl nach der anderen Seite zu weit gegangen sei; verlangt er doch ... zum Beispiel die rücksichtslose Verfolgung religiöser ‚Ketzerei‘, will Dichtung, die Musik und die bildende Kunst einer strengen Zensur unterwerfen und nur soweit gelten lassen, als sie als Bildungsmittel den Wert der Tugend und die Verwerflichkeit des Lasters einschärfen. Dies führt bei ihm dazu, dass er die schönsten Schöpfungen aus der Vergangenheit seines eigenen Volkes, zum Beispiel die Dichtungen Homers, als den Anforderungen nicht genügend ausscheiden will."[69] In diesem Punkte wäre Platon zu korrigieren; wiewohl es wünschenswert ist, dass die Gesamtheit des gesellschaftlichen Lebens durchseelt ist von der Kraft eines spirituellen Ideals.

Die Soziale Dreigliederung folgt indes notwendig aus Platons Denkart: für ihn ist das Individuum quasi ein Abbild des Sozialen Ganzen, und dieses quasi ein vergrößertes Individuum; der innere Aufbau des Sozialen Organismus und des Individuums sind bei ihm grundsätzlich nicht voneinander verschieden. So heißt es etwa: „Wir müssen doch wohl unbedingt anerkennen, dass sich in uns allen dieselben Eigenschaften befinden wie im Staate."[70] Über die Gerechtigkeit heißt es daher: „So wird sich ein gerechter Mensch von einem gerechten Staat ... nicht unterscheiden."[71]

Seelenteil	Stand	Tugend
Vernunft	Philosophen	Weisheit
Mut	Wächter	Tapferkeit
Begehren	Bauern	Besonnenheit

Die Analogie Mensch-Gemeinwesen wird bis zur äußersten logischen Konsequenz gedacht; Platons Begriff des Sozialen Organismus ist rein *anthropologisch*. Die Seele des Menschen gliedert sich in drei Teile, wie auch das Sozialleben aus drei Teilen bestehe. Die drei Seelenteile heißen: *Begehren, Mut, Vernunft*. Gerecht sei der Mensch, bei dem die Vernunft die Herrschaft über die anderen Seelenteile innehat. Dementsprechend ist der Staat ein gerechter, in dem der Philosophen-Stand über die anderen Stände herrscht. Das Begehren entspricht dem Bauern-Stand, der Mut dem der Wächter und die Vernunft dem der Philosophen. Siehe hierzu die oben abgedruckte Tabelle!

Nun sind die „Philosophen" bei Platon nicht etwa intellektuelle Kopfdenker, sondern eher Eingeweihte; so trägt seine *Politeia* auch den Charakter einer Priesterherrschaft, vergleichbar etwa dem frühen ägyptischen Sonnenkönigtum oder den ältesten sumerischen Stadt-Theokratien. Aber wie gesagt: unmittelbar üben die Philosophen keine politische Macht aus; geistliche und weltliche Gewalt verbleiben in getrennten Händen. Die Herrschaft der Philosophen-Könige beschränkt sich aufs rein Geistige, Spirituelle; ihnen kommt die Aufgabe zu, der Gesellschaft einen verbindlichen Wertekodex zu geben und den Sozialen Organismus als Ganzen mit der geistig-göttlichen Welt zu verbinden.

In gewisser Weise war Platon – wie Konfuzius – Aristokrat; aber ihm geht es nicht um die Herrschaft einer erblichen Aristokratie, um die Vorrechte irgend-welcher Adels- oder Königshäuser, sondern um die „Herrschaft der Besten" im wörtlichen Sinne, d. h. der veredelten Seelen, der Philosophen, der in höheres Wis-sen Eingeweihten. Man kann Platons *Politeia* am besten als Modell einer esoterischen Kleinrepublik verstehen, ein rein nach geistigen Gesichtspunkten aufgebautes Gemeinwesen und insofern Abbild des Himmels – ein für das beschränkte irdische Leben wahrscheinlich zu hohes Ideal.

Platons Werk ist sicherlich auf dem Hintergrund der spezifischen Zeitverhältnisse zu verstehen. Utopisches Denken ist immer eine Antwort auf soziale und politi-sche Verhältnisse in einer Zeit des Wandels und des Umbruchs. Als Platon wirkte, war die griechische Staa-tenwelt in der Auflösung begriffen; und dieser fakti-schen Auflösung entsprachen im Bereich der Philoso-phie die extrem individualistischen, egoistischen, sub-jektivistischen Lehren der Sophistik, die oftmals ein Individual-Glück auf Kosten des Gemeinwohls postu-lierten. Diese sophistischen Lehren verkündeten als höchstes Prinzip Individualismus und Anarchie: „Unter den Philosophen scheint es vor allem der Sokratiker *Aristippos* gewesen zu sein, der erklärte, dass der Philosoph des Staates und der Gesetze nicht bedürfe, und dass die innere Souveränität des Philosophen nur durch eine Lösung aus allen staatlichen Bindungen erreicht werden könne."[72]

Es war die Zeit, als *Prodikos* lehrte, die Menschen hätten aus allem, was ihnen Segen brächte, Götter gemacht, und als *Kritias* den Glauben an die Götter für eine Erfindung kluger Staatsmänner erklärte. Religion, Gemeinschaft, Ethik wurden relativiert; es gab nichts Sicheres und nichts Festes mehr. – In solchen Zeiten der Auflösung althergebrachter Wahrheiten macht sich stets eine Gegentendenz bemerkbar: das Bedürfnis, wieder den festen Boden einer Weltanschauung unter den Füßen zu haben. Dem entspricht im Politischen das Bedürfnis nach Gesetz, nach „geordneten Verhältnissen", und sei es in Form eines von Philosophen beherrschten theokratischen Staatssozialismus. So kommt denn auch ein gewisser etatistischer Zug in die Utopie Platons hinein. Es ist genauso, wie der Philosoph W. Windelband schreibt:

„Die auf das Allgemeine ausgerichtete Tendenz der Ideenlehre hat ihre höchste Wirkung darin entfaltet, dass das ethische Ideal der platonischen Philosophie nicht in der Tüchtigkeit und dem Glück des Individuums, sondern in der sittlichen Vollkommenheit der Gattung lag. Getreu dem logischen Prinzip der Ideenlehre ist das im ethischen Sinne wahrhaft Seiende nicht der einzelne Mensch, sondern die Menschheit, und ihre Erscheinung ist die organische Verbindung der Individuen im S t a a t. Das ethische Ideal wird für Platon zum politischen, und mitten in der Zeit, welche die Auflösung des griechischen Staatslebens sah, richtete er den Lehren gegenüber, die nur noch das Prinzip der individuellen Glückseligkeit verkündeten, den Begriff des Staates zu allbeherrschender Hoheit auf. Er betrachtete aber den Staat wesentlich nicht von Seiten seiner empirischen Entstehung, sondern im Hinblick auf seine Aufgabe: das Ideal der Menschheit im Großen und den Bürger zu derjenigen Tugend zu erziehen, welche ihn wahrhaft glücklich macht. Überzeugt, dass sich sein Entwurf nötigenfalls mit Gewalt in Wirklichkeit umsetzen lasse, verwob er darin nicht nur Züge aus dem bestehenden griechischen Staatsleben..., sondern auch alle die Ideale, deren Erfüllung er von der rechten Gestaltung des öffentlichen Lebens erhoffte."[73]

Die Soziale Dreigliederung

Es mag an dieser Stelle angebracht sein, hier einen kleinen Exkurs über die Dreigliederungs-Idee einzuschieben, wie sie von *Rudolf Steiner* (1861–1925) in seinem Buch *Die Kernpunkte der Sozialen Frage* (1918) dargestellt wurde. Der Grundgedanke dabei ist, dass das Soziale Ganze, um zu gesunden, notwendig *dreigegliedert* sein müsse, das heißt gegliedert in die drei autonomen Teilbereiche (1) Politik, (2) Wirtschaftsordnung sowie (3) Kultur und Spiritualität, die unabhängig voneinander existieren, aber auch als Subsysteme eines sozialen Gesamtsystems zusammenwirken sollen. Bei allem Zusammenwirken gilt als oberster Grundsatz die gegenseitige Nicht-Einmischung. Das bedeutet konkret:

Es ist nicht Aufgabe des Staates, sich in das Kulturleben einzumischen, indem er Schulen und Universitäten unter sein Staatsmonopol stellt! In einem solchen Staat kann keine wirkliche Geistesfreiheit gedeihen, da alle Lehr- und Lerninhalte von Schulbehörden und Kultusministerien vorgeschrieben sind. Es gilt, ein wirklich freies Bildungswesen zu schaffen, das allein von den Korporationen der Lernenden und Lehrenden verwaltet wird. Ebenso wenig ist es Aufgabe des Staates, sich in das Wirtschaftsleben einzumischen; das Wirtschaftsleben soll vielmehr den eigenen Selbstverwaltungs-Organen unterstellt werden. Es soll von den Assoziationen der Produzenten, der Handeltreibenden und der Konsumenten, die miteinander Absprache halten, zum Nutzen Aller verwaltet werden.

Umgekehrt kann es nicht Aufgabe des Wirtschaftslebens sein, sich in das staatliche Leben in der Weise einzumischen, dass der Staat zum bloßen Erfüllungsgehilfen der Wirtschaft wird. Der Staat wäre dann, was er heute tatsächlich schon weithin ist: eine bloße Agentur zur Wahrung kapitalistischer Interessen. Auch das Kulturleben darf nicht zur bloßen Dienerin der Wirtschaft herabgewürdigt werden.

Ebenso verhängnisvoll wäre es, wenn der Bereich der Religion, Mystik, Spiritualität und Esoterik sich den staatlichen Bereich untertan machen wollte: dies liefe nämlich auf eine Theokratie, einen Gottesstaat (etwa wie im islamischen Fundamentalismus) hinaus. Der Reformvorschlag der Sozialen Dreigliederung läuft hinaus auf einen reduzierten Staat, ein selbstverwaltetes Bildungswesen und eine assoziative Wirtschaftsordnung – also auf Dezentralisation, Zurückdrängung des Etatismus. Unter „Etatismus" verstehen wir ja gerade das krankhafte Auswuchern der staatlichen Verwaltungs- und Machtapparate, mit denen der Staat sich in Bereiche der Gesellschaft einmischt, in denen er eigentlich nichts verloren hat.

Gerade durch das freie Zusammenspiel relativ selbständiger Subsysteme wird das Gesamtleben des Sozialen Ganzen aufrechterhalten. Auch Rudolf Steiner, der ja 1918 mit einer „Sozialen Dreigliederung" an die Öffentlichkeit getreten war, betont, dass im natürlichen Organismus die Subsysteme „in einer gewissen Selbständigkeit wirken, dass *nicht* eine absolute Zentralisation des menschlichen Organismus vorliegt, dass auch jedes dieser Systeme ein besonderes, für sich bestehendes Verhältnis zur Außenwelt hat"[74]. In dieser relativen Selbständigkeit der Teilsysteme besteht ja gerade der Unterschied zwischen einem lebendigen Organismus und einer Maschine, die doch immer ein hoch zentralisiertes System ist: Steuerung willenloser Automaten-Teile durch eine gemeinsame Zentrale.

In unserem heutigen Zeitalter im Zeichen der Vermassung durch Großstaaten mag es sinnvoll sein, eine Dezentralisierung des gesellschaftlichen Lebens durch Soziale Dreigliederung anzustreben. Der eigentliche Begründer der Dreigliederung ist aber nicht Rudolf Steiner, sondern Platon mit seiner *Politeia*-Utopie, die modern umgesetzt auf einen demokratischen Ständestaat mit Gemeinwohlbindung hinauslaufen könnte.

Platon und Aristoteles

Der Philosoph Aristoteles (Ἀριστοτέλης Aristotélēs) geboren 384 v. Chr. in Stageira, gest. 322 v. Chr. in Chalkis auf Euböa, war der Schüler und Nachfolger Platons, zugleich aber auch sein Überwinder. Auf dem Gebiet der Staatsphilosophie folgt Aristoteles noch getreu den Spuren seines Meisters, indem er gleichfalls das Individuum einem als Organismus gedachten Staat unterordnet; allerdings fehlt bei ihm die für die Sozialphilosophie Platons so typische Einteilung der Gesellschaft in drei Stände, es fehlt ferner die Vorschrift der Gütergemeinschaft für die Wächter, und überhaupt ist Aristoteles im Vergleich zu seinem Lehrer viel gemäßigter, viel mehr auf die Realität bedacht, mehr ein politischer Theoretiker als ein Utopist. In seinem sozialphilosophischen Hauptwerk, der *Politik* und der *Nikomachischen Ethik*, geht es mehr um anthropologische Probleme, um die Frage nach der Natur des Menschen und der menschlichen Gesellschaft. Aristoteles stellte die Lehrmeinung auf, dass der Mensch von Natur aus zum Leben in staatlichen Verbänden angelegt sei.

Im ersten Buch der *Politik* lesen wir: „Dass also der Staat von Natur ist und ursprünglicher als der Einzelne, ist klar. Sofern nämlich der Einzelne nicht autark für sich zu leben vermag, so wird er sich verhalten wie auch sonst ein Teil zum Ganzen. Wer aber nicht in Gemeinschaft leben kann oder in seiner Autarkie ihrer nicht bedarf, der ist kein Teil des Staates, sondern ein wildes Tier oder Gott."[75]

Der Mensch wird definiert als ein *physei zoon politikon*, als ein von Natur aus politisches Lebewesen. Die spätere Naturrechtslehre und allgemein die Naturtheorie des Staates haben hier ihre philosophische Wurzel. — Da in dieser Theorie der Staat als ein von Natur aus Bestehendes gedacht ist, so ist auch das Verhältnis des Individuums zum Staat als ein natürliches anzusehen. Dieses Naturverhältnis entspricht dem Verhältnis eines Teiles zum Ganzen. Oft bemüht man sich auch um Analogien mit der Natur, indem man beispielsweise eine Ähnlichkeit des Gesellschaftskörpers mit dem natürlichen physischen Organismus behauptet. Aus diesen Zusammenhängen, schreibt Olof Gigon, ist „der überaus folgenreiche Gedanke entsprungen, den Staat im Ganzen als einen lebenden Organismus zu deuten. Die sozialen Gruppen wie die einzelnen Bürger, die der Staat umfasst, stehen dann zum Ganzen wie die verschiedenen Körperteile zum Gesamtkörper: jeder Teil hat seine besondere unentbehrliche Funktion, aber kein Teil vermag für sich ohne die Bindung an das Ganze zu existieren."[76]

Platon und Aristoteles, diese beiden bedeutendsten Philosophen Griechenlands, beide einsame Geistesgrößen, sind sich auch persönlich begegnet. Aristoteles, im Jahre 384 v.Chr. geboren, kam in jungen Jahren nach Athen und schloss sich dort sogleich der Platonischen Akademie an. Dies muss in den 360er Jahren gewesen sein. Da Platon 348 v. Chr. starb, muss Aristoteles gut 20 Jahre lang sein Schüler gewesen sein. Und er hat für seinen Lehrer zeitlebens Hochachtung, Dankbarkeit und Verehrung empfunden. Sein Leben sollte indes nach dem Tod Platons in ganz anderen Bahnen verlaufen. Er ging nach Makedonien und wurde zeitweilig der Lehrer und Erzieher Alexanders des Großen; als dieser volljährig wurde und die Regierung antrat, ging Aristoteles nach Athen zurück, wo er seine eigene philosophische Schule gründete – das *Lykeion* (daher unser Wort *Lyzeum*). Denn zu groß war die geistige Kluft zu Platon, als dass er dessen philosophische Akademie als Nachfolger hätte weiterführen können.

Äußerlich gesehen war das Lykeion auch ein Hain, von einigen Gebäuden umgeben, tatsächlich wurde es aber unter der Leitung des Aristoteles zu einem straff durchorganisierten Wissenschaftsbetrieb und zudem zu einem Archiv über alle nur möglichen Wissensbereiche. Neben einer riesigen Privatbibliothek gab es eine naturwissenschaftliche Sammlung mit Pflanzen und Tieren aus allen damals bekannten Teilen der Welt, zudem ließ Aristoteles dort alle bekannten Staatsverfassungen sammeln, insgesamt 158. Dies alles war ein gigantisches Wissens-Archiv, eine Kultur des Sammelns und der akademischen Vielwisserei wurde dort getrieben, allerdings ein esoterischer Anspruch wie etwa in der Schule des Pythagoras fehlte völlig. Das Lykeion war kein Einweihungszentrum, in dem man sich um die Schau der Ideen bemühte — es war eher eine Universität im ganz modernen Sinne, in der es nur darum ging, möglichst alle verfügbaren Daten und Fakten zusammenzustellen und daraus ein System zu formen.

Aristoteles hat in dieser wohl ersten Hochschule der Weltgeschichte eine rege Lehr- und Vorlesungstätigkeit entfaltet, und der Nachwelt sind über 100 Schriften von ihm bekannt. Er verfasste Schriften zur Logik, unter dem Namen *Organon*, dazu gehört auch seine berühmte Kategorientafel, ferner Schriften zur Naturwissenschaft, die 8 Bücher der Physik, darunter Tierbeschreibungen, Himmels- und Wetterkunde, dann Schriften zur Metaphysik, zur Politik und zur Ethik, die 10 Bücher der *Nikomachischen Ethik,* von seinem Sohn Nikomachos posthum herausgegeben.

Platon und Aristoteles — ein größerer Gegensatz als der zwischen diesen beiden lässt sich nicht denken. Der Unterschied tritt am deutlichsten in der Ideenlehre zutage, und er betrifft letztendlich die Frage, was eigentlich Realität ist. *Für Aristoteles ist die sinnliche Wahrnehmung die einzige Quelle der Erkenntnis.* Im Prinzip existiert nur das, was man mit den äußeren Sinnen wahrnehmen kann! Darum vertritt Aristoteles unbedingt die induktive Methode; sein Weg geht vom Einzelding zum Allgemeinen. Aus diesem Grunde kann er denn auch mit der Ideenlehre Platons nichts anfangen. Er glaubt nicht, dass Ideen als geistige Urbilder ein unabhängiges Dasein haben, dass sie für sich selbst, neben und außerhalb der Dinge existieren würden. Er sieht in Ideen umgekehrt nur *Abstraktionen,* das heißt Benennungen, mit denen wir das Gemeinsame einer Gruppe von Einzeldingen bezeichnen. Die Scholastiker des Mittelalters werden später sagen: *nomina*, Namen. Und die Konsequenz daraus ist unausweichlich: Wenn die Realität nur aus Einzeldingen besteht, dann kann es eine geistig-göttliche Welt nicht geben, oder sie wäre allenthalben auch nur eine Abstraktion.

KAPITEL 3

Platonismus im Abendland

Griechische, jüdische und christliche Traditionen kamen in Alexandrien miteinander in Berührung. Der Neuplatonismus beeinflusste die ägyptische hermetische Tradition, die ihren Ursprung auf die Weisheit des Hermes Trismegistos zurückführte. Die hermetischen Schriften umfassten Belehrungen über die Entwicklung der Seele, den Kosmos und Gott. Auch die Idee der Reinkarnation gehörte zum hermetischen Weltbild. Der Platonismus in Alexandrien übte einen großen Einfluss auf die frühchristliche Theologie aus und bestimmte bis zum 12. Jahrhundert weitgehend die Entwicklung der christlichen Philosophie in Westeuropa, auch außerhalb der Hof- und Kathedralschulen. — *Harrie Salman*[77]

Das finstere Mittelalter

Nachdem wir im letzten Kapitel das spirituelle Weltbild Platons einschließlich seiner Ideenlehre, Seelenlehre und Kosmologie dargestellt haben, geht es nun darum, einen Blick auf die Geschichte des Platonismus im Abendland zu werfen, vom Mittelalter über die Renaissance bis in die frühe Neuzeit hinein. Dabei wird zu fragen sein, welchen Stellenwert der Platonismus in der Geschichte der westlichen Esoterik hat, wobei der Schicksalsweg des Abendlandes, der westlichen Hemisphäre, darin bestand, dass er sich immer weiter entfernte vom geistigen Höhenflug Platons.

Das Mittelalter stellt sich für uns durchaus dar als eine Ära der spirituellen Verfinsterung. Die griechisch und hellenistisch geprägte Antike hatte kulturell und zivilisatorisch ein Niveau erreicht, hinter dem das Mittelalter weit zurückfiel. Als im 5. Jahrhundert die Völkerwanderung der germanischen Stämme verheerend über das Römische Imperium hereinbrach, und diesem die Kraft fehlte, sich gegen die nordischen Invasoren zu wehren, geriet auch die wissenschaftliche Kultur der Antike in Gefahr, vollkommen vernichtet zu werden. Und dies gilt in ganz besonderem Maße für das griechische Erbe. Denn das Problem war, dass im Mittelalter die Kenntnis der griechischen Sprache verloren ging; man verstand nur Latein, das in scholastischen Kreisen zu einer internationalen Verkehrssprache wurde, das vor allem die offizielle Sprache der Kirche war.

Demzufolge waren die Werke Platons außer dem *Timaios* den mittelalterlichen Theologen völlig unbekannt; zwar wurden auch *Phaidon* und *Menon* im 12. Jahrhundert ins Lateinische übersetzt, doch hat wohl niemand so recht davon Kenntnis genommen. Dagegen vollzog sich schon um das Jahr 1200 herum eine großangelegte *Rezeption des Aristoteles*, der zum Hauptphilosophen der Scholastik erhoben wurde, und dessen gewaltige Wirkung alles andere in den Schatten stellte. Aristoteles war im Mittelalter eine geistige Weltmacht. Der Platonismus lebte indes als eine Art geistige Untergrundströmung fort, vor allem in der Gedankenwelt der neuplatonischen Mystiker.

Der Gegensatz zwischen Aristotelismus und Platonismus durchzieht das ganze Mittelalter. Dabei stellt der Platonismus mit seiner Mystik und seiner Betonung des Geistigen gegenüber dem Materiellen das verdrängte Potential der abendländischen Kollektivseele dar. Dennoch, es gab Platonismus im Mittelalter. Die Vermittlung vollzog sich auf verschiedene Weise, in erster Linie durch den *Neuplatonismus*, vor allem *Proklos*, dann aber auch durch die griechische Patristik, das heißt, die frühen Kirchenväter, die teilweise noch an das antike Erbe anknüpfen. Als Vermittler platonischer Motive sind besonders zu nennen *Augustinus, Boethius, Dionysios Areopagita*, ferner *Calcidus* und *Macrobius* sowie ein *Liber de causis*, das ist ein Proklos-Auszug, der von einem gläubigen Muslim überarbeitet wurde.

Zusätzlich zum Siegeszug des Aristotelismus brach im Zeitalter der Kreuzzüge die *Kulturströmung des Arabismus* in das Abendland hinein. Eigenartigerweise fand das griechische Erbe in der arabischen Welt eher eine Heimstatt als im christlichen Europa. Im Jahre 529 musste die Platonische Akademie von Athen auf Geheiß des Kaisers Justinian I. ihren Lehrbetrieb einstellen; bereits 531 zogen die sieben letzten Athener Platoniker, darunter *Damaskios* und *Simplikios*, an den Hof des Perserkönigs Chosrau I., weil sie nur dort mit Toleranz rechnen konnten. Auch die Philosophie des Aristoteles gelangte zuerst einmal in die Hände der Araber. Vom 5. bis 10. Jahrhundert hatten Gelehrte der Nestorianischen Schule von Edessa aristotelische Werke in das Syrische übersetzt. Als die Araber Persien und Syrien eroberten, eigneten sie sich diese Philosophie an. Die Abbasiden luden die syrischen Gelehrten an den Hof von Bagdad und ließen sie die Werke der Griechen ins Arabische übersetzen; der Kalif El-Mamoun richtete dafür ein eigenes Übersetzungs-Kollegium ein.

Als das christliche Europa im Zeitalter der Kreuzzüge dem Arabismus begegnete, erkannte es in ihm die geistig überlegene Kultur; so gelangten die Werke der an Aristoteles geschulten arabischen Philosophen wie *Alfarabi* († 950), *Avicenna* (Ibn Sina, † 1037) und *Averroes* (Ibn Roschd, † 1198) durch Übersetzungen ins Abendland. Mit ihnen kam auch die ganze arabische Wissenschaft nach Europa. Die Scholastik hat begierig all diese

Tendenzen in sich aufgenommen; dies verstärkte nochmals die Tendenz zum Diesseitigen, Materiellen, Realen im Gegensatz zum Spirituellen. Es war in der Tat so, dass die Welt dadurch immer diesseitiger, materieller wurde, die geistig-göttliche Welt dagegen immer mehr in den Hintergrund trat.

Dass der Arabismus sich mit dem Europäertum verbunden hat, führte zu einer Tendenz, die schließlich zum krassen diesseitigen Materialismus des 18. und 19. Jahrhunderts hinführte. Was dieser arabische Kulturimpuls in der westlichen Welt bewirkte, darauf hat Hermann Poppelbaum in seinem Buch *Im Kampf um ein neues Bewusstsein* hingewiesen: „Der arabische Kulturstrom bildet vorzeitig einen Intellekt heraus, der ganz nahe unserer modernen Intelligenzform ist. Er bildet eine Wissenschaft aus, die ganz merkwürdig der Wissenschaftsform unserer heutigen Epoche gleicht. Man hat den Eindruck, als sei dieser arabische Kulturstrom ein frühreifes Kind, das vorzeitig, noch ehe es durchgereift ist, die Kräfte des Kopfes entwickelt. (...) Ein solches altkluges Kind also ist das arabische Bewusstsein. Die Araber sind ein Volk, das zu einer Zeit, in der die intellektuellen Kräfte der Germanen noch traumhaft sind, schon eine Kunst der Abstraktion ausgebildet hat, des Gedankengebrauchs in der wissenschaftlichen Auseinandersetzung, die in anderen Gegenden erst viel später blüht. Dagegen fehlt es diesem arabischen Bewusstsein an ‚Herzkräften‘, ganz ähnlich, wie man das auch an frühreifen Kindern beobachtet."[78]

Ein Aristotelismus, und zwar wohlbemerkt, *ein durch den arabischen Kulturstrom vermittelter Aristotelismus,* wurde dann im Hochmittelalter zum Hauptdogma der Scholastik erhoben. Es war niemand Geringerer als Thomas von Aquino (1225–1275), der — naturwissenschaftlich geschult — dem Wort des Aristoteles geradezu kanonische Gültigkeit verlieh. Dann braucht es nicht zu verwundern, dass im *Universalienstreit* die Nominalisten, das heißt die Anhänger des Aristoteles, letzten Endes den Sieg davontrugen. —

In dieser Situation der geistigen Verfinsterung waren es die Neuplatoniker, die immer noch das Licht des Geistes leuchten ließen, solange noch, bis mit der Morgendämmerung der Renaissance ein neues Zeitalter anbrach, in dem das spirituelle Erbe der Antike wieder zu Ehren kam. Die Linie der Neuplatoniker im Mittelalter zieht sich von *Johannes Scotus Eriugena* über *Anselm von Canterbury* bis zu *Nikolaus Cusanus*. Ihr Werk ist das Wertvollste, was das Abendland zu bieten hat. Wollen wir jedoch den Neuplatonismus bis auf seine Ursprünge zurückverfolgen, so müssen wir in die Spätantike, in das Alexandria des 3. Jahrhunderts n. Chr. zurückgehen. Dieses Alexandria war ein großer Schmelztiegel für neue religiöse Ideen, Ursprung und Ausgangspunkt der Gnosis, Hermetik, Theurgie und jeglicher Spielart der hellenistischen Theosophie.

Ammonios Sakkas

Den eigentlichen Begründer des Neuplatonismus sehen wir in dem geheimnisvollen *Ammonios Sakkas*, einem unbekannten Philosophen, der im 3. nachchristlichen Jahrhundert in Alexandria gelebt und gewirkt hat. Wer war eigentlich Ammonios Sakkas? In der theosophischen Literatur wird zuweilen die Behauptung aufgestellt, er habe als Erster das Wort *Theosophie* (von *theos* — Gott und *sophia* — Weisheit) aufgebracht. Dies ist jedoch ein weit verbreiteter Irrtum. Denn da wir von ihm eigentlich nur wissen, dass er gelebt hat, jedoch kein einziges schriftliches Zeugnis von ihm besitzen (er hat niemals seine Lehre der schriftlichen Form anvertraut), da schließlich auch seine Schüler über den Inhalt seiner Lehren strengstes Stillschweigen bewahrten, ist es schlichtweg nicht möglich, zu entscheiden, ob das Wort Theosophie nun zu seinem Wortschatz gehört hat oder nicht. Es hat zu seinen Lebzeiten ohnehin noch nicht zum Vokabular der damaligen griechischen Umgangssprache gehört. Ganz richtig ist es demnach, wenn Johannes Hirschberger in Band 1 seiner *Geschichte der Philosophie* schreibt: „Als Begründer des Neuplatonismus wird gewöhnlich Ammonios Sakkas (gest. 242 n. Chr.) genannt. Wir wissen von ihm nicht mehr als seinen Namen und dass er in Alexandrien gestorben ist, dort also die Wiege des Neuplatonismus gestanden haben muss."[79]

Ammonios Sakkas war mit Sicherheit der Lehrer Plotins, des Longinos sowie des Heiden und späteren Christen Origenes. Es wird ihm zugeschrieben, er habe die Übereinstimmung von Platon und Aristoteles behauptet und gelehrt, die Seele vereinige sich mit dem Körper, ohne sich dadurch zu verändern. Sonstiges, ob er etwa auch Christ war, ist umstritten. Porphyrios, der Biograph Plotins, hat jedoch einmal geschildert, wie dieser nach langem Suchen in Ammonios Sakkas endlich seinen Lehrer gefunden habe: „Als er 28 Jahre alt war, habe er den Weg zur Philosophie eingeschlagen; er sei mit den Berühmtheiten des damaligen Alexandreia bekannt gemacht worden und sei aus ihren Vorlesungen gekommen enttäuscht und bekümmert, habe dann auch einem Freunde seine Nöte geklagt. Und der habe verstanden, was seine Seele eigentlich wollte, und habe ihn zu Ammonios mitgenommen, bei dem er's noch nicht versucht hatte. Und als er bei diesem eintrat und ihn sprechen hörte, da habe er zu dem Freund gesagt:

‚Das ist der, den ich suchte'. Und von jenem Tage an sei er ununterbrochen bei Ammonios geblieben und so tief in die Philosophie eingedrungen, dass er auch die bei den Persern und bei den Indern gebräuchliche und angesehene Philosophie kennenzulernen trachtete."[80]

Dies klingt geradezu so, als ob Ammonios Sakkas den Plotin mit der Weisheit Indiens bekannt gemacht hätte. Und was ist die *„bei den Indern gebräuchliche und angesehene Philosophie"*? Ganz offensichtlich der Brahmanismus. Und tatsächlich besitzt die mystische Emanationslehre Plotins mehr Ähnlichkeit mit dem Hinduismus als mit der traditionellen griechischen Philosophie, auch was den All-Einheits-Gedanken betrifft, den Plotin sehr konsequent in den Mittelpunkt seines Systems stellt. Deshalb hat Plotin auch immer die Nähe zum Indischen gesucht; so schloss er sich etwa im Jahre 243 n. Chr. dem Feldzug des Kaisers Gordian gegen Persien an, zweifellos in der Hoffnung, auf diesem Wege mit der Weisheit des Ostens in Berührung zu kommen. Wenn Plotin also schon solche geistige Nähe zu Indien hatte, dann ist das bei seinem Lehrer Ammonios Sakkas umso mehr anzunehmen.

Die Verfasserin der *Geheimlehre*, Madame H. P. Blavatsky, sagt in Band 3 dieses Werkes, Ammonios sei „ein Genius und ein Heiliger, dessen Gelehrsamkeit und heiliges Leben ihm den Beinamen Theodidaktos (‚Gottgelehrter') eintrugen"[81], und Professor Alexander Wilder schreibt in seinem Werk *Neuplatonismus und Alchemie*: „Gleich Orpheus, Pythagoras, Konfuzius, Sokrates und Jesus selbst legte Ammonius nichts schriftlich nieder. Anstatt dessen teilte er seine wichtigsten Lehren wohlunterrichteten und geschulten Personen mit, denen er die Verpflichtung der Geheimhaltung auferlegte, wie es vor ihm von Zoroaster und Pythagoras und in den

Mysterien geschehen war. Abgesehen von ein paar Abhandlungen seiner Schüler haben wir nur die Angaben seiner Gegner, um daraus zu ermitteln, was er tatsächlich gelehrt hat."[82]

Mit ziemlicher Sicherheit wissen wir von Ammonios Sakkas, dass er — wie sein Schüler Plotin — von Geburt Ägypter war; denn er hat ja sein Leben lang in Alexandria gewirkt. Als ein Ägypter der hellenistischen Epoche (denn seine Lebensspanne fällt ja ins 3. nachchristliche Jahrhundert hinein) besaß er nicht nur Kenntnis der griechischen Philosophie, sondern wohl auch uneingeschränkten Zugang zu uralten ägyptischen Mysterien, deren Weisheit er in seinem Unterricht in durchaus zeitgemäßer Form vermittelte. Was Ammonios Sakkas aber tatsächlich lehrte, war weder Griechisches, noch Indisches, noch Ägyptisches, sondern die *universale Weisheitslehre* aller Zeiten und Völker, die alle Geistigkeit von West und Ost gleichermaßen umfasst.

In Band 3 der *Geheimlehre*, mit dem Titel *Esoterik*, schreibt Madame Blavatsky: „Die von Ammonius gegründete Neuplatonische Schule — das der Theosophischen Gesellschaft aufgestellte Vorbild — lehrte Theurgie und Magie ebenso gut, als sie in den Tagen des Pythagoras, und von anderen noch weit vor dieser Periode gelehrt wurden. Denn Proklus sagt, dass die Lehren des Orpheus (...) der Ursprung der nachher verbreiteten Systeme waren."[83] In der Tat: Orphisch ist seinem Ursprung nach aller Neuplatonismus; denn Platon selbst führt ja den Ursprung seiner Lehre auf Pythagoras und Orpheus zurück.

Ammonios Sakkas wollte alle Weltgegensätze überwinden, wollte alle Weisheitslehren zu einer Universal-Weisheitslehre vereinen; er muss ein hoher Eingeweihter gewesen sein, auf jeden Fall ein Mensch mit einem geistigen Auftrag, den er — wenn auch unter dem Schutzmantel der Verborgenheit und Geheimhaltung — in konsequentester Weise erfüllte. So kam es denn dazu, dass dieser unbekannte alexandrinische Philosoph eine geistige Wirkung entfaltete, die sich weit über die gesamte Philosophie und Esoterik des Abendlandes erstreckt. „Seine tiefe geistige Intuition", schreibt Alexander Wilder, „seine umfassende Gelehrsamkeit und sein vertrauter Umgang mit den Kirchenvätern Panthäus, Klemens und Athenagoras und mit den gebildeten Philosophen der Zeit, all das machte ihn für die Arbeit geeignet, die er so gründlich durchführte ... Die Ergebnisse seines Wirkens sind noch bis zum heutigen Tage in jedem Lande der christlichen Welt bemerkbar; jedes hervorragende Lehrsystem trägt jetzt die Zeichen seiner formgebenden Hand."[84]

Plotin und der Neuplatonismus

Der Philosoph Plotin (205–270 n. Chr.), ägyptischer Herkunft, ein Schüler Platons und Begründer der Schule des Neuplatonismus, hat ein Schema geordneter Seins-Stufungen entwickelt, das bis heute als *das* Grundschema abendländischer und morgenländischer Esoterik gelten kann, eine alle Gegensätze von West und Ost, Europa und Asien überspannende Ewige Philosophie, die nicht aus dem Denken allein, sondern aus höchster geistiger Schau gewonnen wird.

In seinen hinterlassenen Schriften — den sogenannten *Enneaden* — zeigt Plotin auf, wie zuerst das unsagbare All-Eine aus sich heraus den Geist gebiert, der in sich die Vielfalt der Ideen, der intelligiblen Urbilder, enthält; wie dann aus dem Geist die Weltseele hervorgeht, die sich in Raum und Zeit ausdifferenziert und dort die Hierarchie des beseelten Kosmos hervorbringt

– die unzähligen Einzelseelen der Götter, Dämonen, Menschen, Tiere und Pflanzen erschafft. Zugleich strebt aber alles Einzelleben danach, schlussendlich wieder in den Schoss des göttlichen All-Einen zurückzukehren.

Über das äußere Leben Plotins wissen wir nur, dass er zunächst in Alexandria lebte, jener ägyptischen Metropole, in der westliche und östliche Geistigkeit aufeinandertrafen und sich gegenseitig befruchteten: Alexandria, ein gewaltiger west-östlicher Schmelztiegel spiritueller Ideen und Kulte. Dort wurde Plotin im Alter von 28 Jahren ein Schüler des *Ammonios Sakkas*, der ihm nur mündlich Geheimlehren anvertraute. Dieser geheimnisvolle Lehrer – es ist nichts über ihn persönlich bekannt – war vermutlich ein hoher Eingeweihter, der den Auftrag hatte, von Alexandria aus die Ideen der Ewigen Philosophie im westlichen Kulturkreis bekannt zu machen. Zu seinen Schülern zählte neben Plotin der spätere Kirchenvater Origenes, der lange Zeit von der offiziellen Machtkirche zum Ketzer erklärt wurde.

Plotins Schüler und erster Biograph – der aus Syrien stammende Porphyrios – erklärte, Plotin sei 11 Jahre lang ein Schüler des Ammonios Sakkas gewesen; die Schülerschaft dauerte bis zum Tod des Lehrers im Jahre 242. Dann schloss er sich im Jahre 243 dem Feldzug des Kaisers Gordian gegen Persien an, zweifellos in der Hoffnung, auf diesem Wege mit der Weisheit des Ostens in Berührung zu kommen. Jedoch erwies sich der geplante Feldzug als Fehlschlag. Im Jahre 244 kommt der nunmehr 40jährige nach Rom und gründet dort seine eigene Schule.

Plotin war nicht nur ein theoretischer Philosoph, sondern in erster Linie ein praktizierender Mystiker; auch besaß er in hohem Masse mediale und okkulte Fähigkeiten. Porphyrios überliefert uns eine Anekdote, die veranschaulicht, welch eine mächtige Gottheit den Weisen Plotin auf seinem Lebensweg begleitete: „Plotinos hatte nämlich von Geburt an etwas besonderes vor allen anderen. Einmal kam ein ägyptischer Priester nach Rom und wurde durch Vermittlung eines Freundes mit ihm bekannt; der wollte eine Probe seines Könnens ablegen und bot sich dem Plotinos an, den ihm beiwohnenden Dämon durch Beschwörung sichtbar zu machen. Dieser fand sich gern bereit, und die Beschwörung fand im Isis-Tempel statt; denn das war, wie der Ägypter sagte, der einzige ‚reine‘ Ort, den er in Rom finden konnte. Als nun der Dämon beschworen wurde, sich von Angesicht zu zeigen, da sei ein Gott erschienen, der nicht zur Klasse der Dämonen gehörte. Da habe der Ägypter ausgerufen: ‚Hochselig bist du, der du einen Gott als Dämon beiwohnen hast und keinen Dämonen der niederen Klasse!‘"[85] Unter einem „Dämon" (oder *daimon*) wird hier, ganz im Sinne Platons, etwas Göttliches verstanden, nämlich das *daimonion* als das höhere göttliche Selbst des Menschen. Als Plotin starb, sagte er, dass er nun versuchen wolle, „sein ‚Göttliches in uns‘ hinaufzuheben zum Göttlichen im All"[86].

Plotin dachte sich die Welt in Seinsstufungen oder Hypostasen gegliedert. Grundsätzlich unterscheidet er zwischen der intelligiblen, oberen oder geistigen Welt, *kosmos noetos*, und der sinnlich erfahrbaren, wahrnehmbaren, unteren Welt, *kosmos aisthetos*. Die obere intelligible Welt gliedert sich in drei Seinsstufen – *Hen*, *Nous* und *Psyche*, das Eine, der Geist und die Seele. Diese drei Bereiche stellen eine höhere ewige Wirklichkeit dar, eine ungeschaffene und ungewordene, gleich dem Brahman der Inder, aus der die für uns sichtbare Welt des Scheins und des Wandels hervorgegangen ist. Aber dieser Prozess des Hervorgehens der Welt aus dem göttlichen Urgrund ist kein historisch einmaliger Schöpfungsakt. Es handelt sich vielmehr um ein ständiges Herausfließen, um eine ewigwährende Schöpfung, die sich seit Urzeiten ohne Anfang und Ende vollzieht.

Zuoberst steht das göttliche All-Eine, der Ursprung und ewig fließende Quellgrund aller Realität. Namen können es nicht nennen, Gedanken seine Seinsfülle nicht erfassen; es liegt allem Denken voraus. Ja mehr noch: Das Eine geht auch dem Sein voran; es ist kein Sein, sondern eine Art schöpferisches Nichts, aus dem alles Sein hervorgeht. Auch mit dem Begriff „Geist" kann dieses höchste Göttliche nicht erfasst werden: „Es ist Jenes auch nicht Geist, sondern vor dem Geiste. Denn der Geist ist Etwas von den seienden Dingen; Jenes aber ist nicht Etwas, sondern vor jeglichem; und auch kein Seiendes, denn das Seiende hat zur Form gleichsam die Form des Seienden, Jenes aber ist ohne, auch ohne geistige Geformtheit."[87]

Das All-Eine ist formlos, gestaltlos, wesenlos, daher auch nicht in menschlichen Worten oder Begriffen auszudrücken. Aber aus dem schöpferischen All-Einen geht der Geist hervor, der Weltgeist, der das ganze Universum durchpulst. Man könnte ihn als den dreifachen *Logos* bezeichnen. Der Logos ist das höchste Göttliche in seiner manifestierten Form. Und indem dieser Logos sich selbst erkennt, wird er in sich selbst Subjekt und Objekt, also Zweiheit, und aus der Zweiheit des Logos geht Vielheit hervor. So entsteht auf dem Wege der Ausdifferenzierung aus dem Ur-Logos die Welt der Logoi, der Ideen oder geistigen Urbilder, wie etwa Plato sie beschrieben hat. In der Geistigen Welt präexistieren diese Ideen seit Ewigkeit – als die Urformen oder Prototyen allen Seins. Die Geistige Welt der Ideen würden wir heute als die höhere Mentalebene bezeichnen.

Als eine weitere Hypostase im Gefüge des Weltganzen haben wir nun die Seele, die sich unterhalb der Ebene des Geistes befindet; sie ist die Weltseele, die den Kosmos formt und lenkt. Die Logoi in der Ideenwelt, diese Urformen des Seins, spiegeln sich in der Weltseele, die nun ihrerseits danach strebt, Abbilder jener Ideen in der physisch-sinnlichen Welt zu erschaffen. Als Ausdifferenzierungen der Weltseele entstehen zuletzt die Einzelseelen, die jedoch nicht mehr mit der Weltseele verbunden bleiben, sondern sich raum-zeitlich verstofflichen, also in die Sinnenwelt hinabsteigen, um sich dort in individueller Gestalt zu verkörpern. Es sind die Seelen der Mineralien, Pflanzen, Tiere, Menschen, Dämonen, Halbgötter, Götter, kurzum aller Lebensformen, die den Kosmos bewohnen. Wir können den Prozess der Entfaltung des All-Einen, wie er von Plotin dargestellt wird, in folgendem Schema zusammenfassen:

Das Eine	Der göttliche Urquell allen Seins
Der Geist	Der Logos als die manifestierte Gottheit
Die Logoi	Die Ideen oder Urbilder allen Seins
Die Seele	Die Weltseele als Lenkerin des Kosmos
Die Seelen	Alle Lebewesen im Kosmos
Pneuma	Die feinstoffliche Lebenskraft
Hyle	Die Materie (als Welt des Scheins)

Auch hier leuchtet uns wieder eine „Große Kette des Seins" entgegen: ein siebengliedriges Weltschema, das durchaus den Einteilungen entspricht, die wir im Sieben-Loka-Universum des Hinduismus kennengelernt haben. Und wenn wir Plotins sieben Hypostasen auf

drei reduzieren — Logos, Weltseele, physische Welt —,
dann gelangen wir zu der üblichen Dreiteilung der
Wirklichkeit, in die ewigexistierende, präexistierende
und phänomenale Welt — oder in Empyreum, Aetheri-
um und Elementarregion (Robert Fludd). Wieder einmal zeigt sich hier, dass noch so verschiedene Namen
und Unterteilungen belanglos sind, solange sie dieselben Realitäten bezeichnen; und es bewahrheitet sich der
Satz: *Satyân nâsti paro dharmah* — „Es ist keine Religion
(oder Gesetz) höher als die Wahrheit".

Das Corpus Hermeticum

Im *Corpus Hermeticum* und in den *Chaldäischen Orakeln*
begegnet uns immer noch eine rein heidnische Erschei-
nungsform des Neuplatonismus. Die Hermetik geht
eindeutig in die hellenistische Spätphase Ägyptens zurück, und sie beruft sich auf den Weisheitslehrer *Thot-
Hermes*, den die Griechen *Hermes Trismegistos* (den Drei-
malgrößten) nannten. Dieser Hermes Trismegistos ist
eine rätselhafte Figur. Niemand weiß, wann er wirklich
gelebt hat; nach K. O. Schmidt war er „der Begründer
der ägyptischen Kultur und der größte Erleuchtete und
Prophet der Völkerschaften des Nillandes" und dürfte
„etwa zu Beginn des ‚Alten Reiches', das die 1. bis 10.
Dynastie (3400–2100 v. Chr.) umfasste, gelebt und gewirkt haben"[88].

Hermes Trismegistos war möglicherweise auch der
Lehrer des Weisen Imhotep, griechisch Asklepios, dem
er, wie in dem lateinischen Dialog *Asclepius* geschildert
wird, die bevorstehende Beherrschung Ägyptens durch
Fremdvölker prophezeite. Wenn er der Lehrer Imhoteps
war, dann mochte er wohl unter der Regierungszeit des
Pharao Djoser gelebt haben. Das ganze Mittelalter über
hielt man Hermes Trismegistos, auf ein Wort des Kir-

chenvaters Augustinus hin, für einen Zeitgenossen des Moses, der um 1250 v. Chr. gelebt hat; schließlich taucht recht geheimnisvoll erst gegen Ende der Antike unter dem Namen *Corpus Hermeticum* eine Sammlung griechischer, lateinischer und koptischer Schriften auf, die sich auf Hermes Trismegistos als ihren Verfasser berufen. Obgleich ohne Zweifel die Frucht einer Spätzeit, offenbaren diese hermetischen Schriften ein voll ausgebildetes System ägyptisch-hellenistischer Gnosis, das in griechischer Sprache verfasst ist und im Gewand platonischer Dialoge daherkommt.

Diese Schriftensammlung war ursprünglich nach seinem ersten Dialog unter dem Namen *Poimandres* bekannt. Wir wissen nicht, wer der Verfasser dieser Schriften war, doch enthalten sie neben griechischer Philosophie auch eine Tradition geheimen theurgischen Priesterwissens, die möglicherweise bis in die Glanzzeit der ägyptischen Pyramidenkultur zurückreicht.

Einer der Grundgedanken des *Corpus Hermeticum* besagt, dass der Mensch den Göttern des Alls nicht nur gleich und ebenbürtig sei, sondern ihnen sogar überlegen; denn keiner der Götter steigt hinab in die Tiefen der Materie, und keiner durchmisst die Weite des Himmels so wie der Mensch:

Denn der Mensch ist ein wahrhaft göttliches Wesen; er kann nicht mit all den anderen Lebewesen auf der Erde, sondern allein mit den Göttern im Himmel verglichen werden. Ja, um die Wahrheit geradewegs ohne Furcht auszusprechen, der Mensch im eigentlichen Sinne steht sogar noch über den Göttern des Himmels, oder zumindest gleicht er in jeder Hinsicht ihrer Wirkmacht. Denn keiner der Götter des Himmels wird je den Himmel verlassen, seine Grenzen überschreiten, und hier auf die Erde herabkommen. Aber der Mensch steigt zum Himmel hinan, um ihn zu durchmessen,

und was noch mehr ist als all dies, er besteigt den
Himmel, ohne die Erde dabei zu verlassen; so groß ist
die Entfernung, über die er seine Macht auswirkt. Wir
dürfen nicht davor zurückschrecken, zu sagen: Der
Mensch auf Erden ist ein sterblicher Gott, und ein Gott
im Himmel ein unsterblicher Mensch! [89]

Ein weiterer Grundgedanke aus der Einweihungslehre des Hermes Trismegistos besagt, dass Gleiches
nur von Gleichem erkannt werden kann:

Und bevor du nicht selbst gottgleich geworden bist,
wirst du Gott nicht erkennen können, denn Gleiches
kann nur von Gleichem erkannt werden. Frei von allem Körperlichen sollst du voranspringen, und heran-
wachsen sollst du zu einer Größe, die jenseits allen
Maßes liegt; über die Zeit sollst du dich erheben und
ewig sollst du werden — und dann wirst du Gott erkennen. Denke stets daran, dass für dich nichts unmöglich ist: halte dich für unsterblich und fähig, alles
mit deinem Geist zu erfassen, jedwede Kunst und Wissenschaft zu kennen; finde dich am Wohnort jedes Le-
bewesens zuhause; mache dich höher als alle Höhen
und tiefer als alle Tiefen; bringe in dir alle Gegensätze
der Qualitäten zusammen (....) ergreife in deinem Geist
all dies zusammen; und dann wirst du Gott erkennen. [90]

Um zu einer solchen gnostischen Erkenntnis Gottes
hinzuführen, weist Hermes Trismegistos einen Weg der
Selbst-Transmutation, auf dem die physische Leiblich-
keit des Menschen schrittweise umgewandelt wird in
eine Geistleiblichkeit; am Ende steht die *Theogenesis*, die
vollkommene Gottwerdung des Menschen. In diesem
Zusammenhang sei erwähnt, dass man im Mittelalter
Hermes Trismegistos für den Begründer der Alchemie
hielt, da man ihm die Urheberschaft der *Tabula Smarag-*

dina zuschrieb, eine Rätselschrift, die aus 16 Aphorismen besteht und sich mit der magischen Transformation durch den Stein der Weisen befasst, den *lapis philosophorum*, der Blei in Gold zu verwandeln vermag. Bei dieser sonderbaren Schrift handelt es sich wohl am ehesten um das Dokument einer arabischen Alchemie, das auf dem üblichen Weg der Übersetzung nach Europa kam; dem Mittelalter war nur eine lateinische Fassung bekannt.

Doch die antike, alexandrinische Hermetik hat mit der Alchemie weniger zu tun; für sie ist eher die Vermählung von ägyptischer Weisheit mit griechischer Philosophie charakteristisch. Es würde jedoch zu kurz greifen, in der Hermetik lediglich einen Abklatsch des Platonismus zu sehen. Sie stellt etwas durchaus Eigenständiges dar, bedient sich aber durchwegs der platonischen Begriffssprache, wahrscheinlich um damit ein weitgestreutes humanistisch gebildetes Publikum umso besser ansprechen zu können. Und tatsächlich wurde das hermetische Schriftenkanon im Zeitalter der Renaissance wiederentdeckt: 1475 wurde es von Marsilio Ficino in die lateinische Sprache übersetzt. Eben dieser Ficino hatte sich vorher schon einen Namen als Platon-Übersetzer gemacht.

Im Dialog *Poimandres,* ganz am Anfang des *Corpus Hermeticum* , kommt die Ideenlehre Platons besonders deutlich zum Ausdruck. Am Anfang des Dialoges steht Offenbarungs-Geschehen: dem Hermes Trismegistos, der in einen tranceartigen Halbschlaf gefallen ist, zeigt sich eine Wesenheit, die sich ihm gegenüber als *Poimandres* ausgibt. „Poimandres" bedeutet wörtlich übersetzt der „Menschenhirt"; er wird von Hermes unbestimmt als eine „Wesenheit von riesenhaftem Ausmaß" geschildert. Poimandres selbst gibt sich in seinen nun folgenden Lehrunterweisungen als der *Logos authentikos* zu erkennen – als der „wahre Logos" oder „der in Vollmacht waltende Weltgeist".

Nach diesem gewaltigen Offenbarungsereignis wird dem von Poimandres einzuweihenden Hermes Trismegistos die *Kosmogenese*, der Ablauf des Schöpfungsprozesses, aufgezeigt: Gesichte und Visionen überkommen ihn; in einer grenzenlosen Schau verwandelt sich ihm alles in Licht, in jenes Licht, das am Anfang der Schöpfung stand:

> Nachdem er solches gesprochen hatte, verwandelten sich alle Dinge vor mir in ihrer Gestalt, und sie wurden mir plötzlich allesamt eröffnet. Ich bekam eine grenzenlose Schau, indem sich Alles in Licht verwandelte, in ein mildes und freudevolles Licht, und ich bewunderte den Anblick.[91]

In einem zweiten Gesicht schaut Hermes Trismegistos eine „wohlgeordnete grenzenlose Welt", die im Licht Gottes präexistiert — die geistige Welt, der *kosmos noetos*, die Ideenwelt Platons. Die geistigen Urbilder, die archetypischen Bildgestalten, sind die in der geistigen Welt präexistierenden Ideen. Man sieht, dass die Ideenlehre Platons in der Hermetik enthalten ist.

> ‚Nun wende Deinen Geist auf das Licht', sagte er [Poimandres], und trachte danach, es zu erkennen.' Nachdem er dies gesprochen hatte, blickte er mich lange Zeit an, so dass ich zitterte vor seiner Gestalt. Und als ich mein Haupt wieder erhoben hatte, sah ich in meinem Geist, dass das Licht aus unzählbaren Wirkkräften bestand, und dass aus ihm eine wohlgeordnete grenzenlose Welt hervorgegangen war. Dies alles empfing ich in meinem Geist durch das Wort des Poimandres. Und während ich noch ganz verwundert war,

sprach Poimandres zu mir: ‚Du hast in Deinem Geist
die Geistigen Urbilder gesehen, die der Uranfang vor
dem Beginn allen Werdens sind; und sie sind grenzen-
los.' So sprach Poimandres zu mir.[92]

Nun tritt der *Demiurg*, der weltenerschaffende Geist,
in Erscheinung; er ist wie bei Platon nicht der oberste
Gott, sondern nur dessen Sachwalter. Sein Amt besteht
unter anderem darin, die Planetenherrscher zu erschaffen und sie in ihre Sphären einzusetzen.

Der uranfängliche Weltengeist (…) brachte einen anderen Geist hervor, den weltenschaffenden Geist, den
Demiurgen; dieser bildete aus Feuer und Luft die sieben Planetengeister, die mit ihren Kreisbahnen die
sinnlich wahrnehmbare Welt umfassen; ihr Amt wird
‚Schicksalswalten' genannt.[93]

Wenn die Planetenherrscher „aus Feuer und Luft"
gebildet werden, so erinnert dies erinnert doch sehr an
Platons *Timaios*-Dialog: dort heißen die Sterne „lebende
Wesen göttlicher Art und unvergänglich"[94], und über
ihre Erschaffung heißt es: „Die Gattung des Göttlichen
gestaltete er größtenteils aus Feuer, damit sie am glän-
zendsten sei und den schönsten Anblick gewähre,
machte sie, Ähnlichkeit mit dem Weltall zu verleihen,
wohlgerundet und setzte sie in die Besonnenheit des
Besten, welchem sie nachstrebt, sie ringsum über den
Himmel verteilend, auf dass dieser, durch sie aller-
wärts geschmückt, zu einer wahren Himmelsordnung
werde". Das Amt der Planetenherrscher wird „Schicksalswalten" genannt; dies weist auf eine mit der Hermetik verbundene Astralreligion hin: Nur der Weise vermag sich den zwingenden Gestirneinflüssen zu entzie-
hen; der Normalmensch bleibt ihnen unrettbar unter-

worfen. Denn der Weise, der hermetisch Eingeweihte, hat den *Nous*, das höhere Geistselbst, in sich verwirklicht, und dieses Ewig-Geistige steht über allem Astralen, es erhebt ihn ins Reich der Götter: so ist der vom Geist Erfüllte wahrhaft frei.

Der *Reinkarnationsgedanke* ist ein weiterer Berührungspunkt zwischen Esoterischem Platonismus und Hermetik. Denn auch in den hermetischen Traktaten wird dieser gelegentlich erwähnt. Hermes Trismegistos geht zunächst aus von der Präexistenz des Menschen, seiner ursprünglichen Verbindung mit der kosmischen Weltseele. Erst nachdem sie sich losgelöst haben von dieser *„Einen Seele"*, beginnt für sie der Zyklus der Inkarnation:

> Hast du nicht gehört, was ich in meinen Allgemeinen Reden gesagt habe: Alle Seelen, die von einem Ort zum anderen durch den Kosmos dahingetrieben werden, sind sozusagen abgetrennt von der Einen Seele, nämlich von der Seele des Universums.[95]

Die Einzelseelen waren ursprünglich Bestandteile der universalen Weltenseele, aus der sie sich jedoch herauslösen mussten, um sich als Einzelwesen in der stofflichen Welt inkarnieren zu können. Der Reinkarnationsgedanke stellt offenbar einen festen Bestandteil der hermetischen Philosophie und Einweihungslehre dar, aber er ist stets verknüpft mit einem Konzept evolutionärer Höherentwicklung. Es wird davon ausgegangen, dass es einen göttlichen Urfunken gibt, der sich durch alle Seinsstufen, von der Mineral-, Pflanzen- und Tierwelt über die Menschenwelt bis in die höchsten Ebenen der Götterwelt stufenweise emporentwickelt. Diese evolutionäre Reinkarnationsphilosophie, die im Menschen nur die Vorstufe zu einem künftigen Göttergeschlecht erblickt, entspringt tiefer Mysterien-Wahrheit; sie war in den hermetischen, orphisch-pythagoreischen und druidischen Einweihungen enthalten. Es wird allerdings auch die Möglichkeit eines Rückfalls in frühere Existenzformen in Betracht gezogen:

> Aber wenn eine Seele, nachdem sie in einen menschlichen Körper eingetreten ist, weiterhin im Bösen verharrt, dann wird sie nimmermehr die Süße des unsterblichen Lebens zu schmecken bekommen, sondern sie wird wieder zurückgezogen, muss ihren Lauf wiederholen, und gelangt zurück zu den Pflanzen; und eine solche schicksalsbeladene Seele, gescheitert in der Selbsterkenntnis, lebt dann im Dienst – als Fraß – übeltätiger und schwerfälliger Tierkörper. Zu solchem Verhängnis sind die dem Bösen verschriebenen Seelen verdammt.[96]

Aus dieser Bemerkung geht hervor, dass die Hermetik auch eine neuerliche Reinkarnation des Menschen in Tiergestalt als weites Zurückfallen auf der Stufenleiter der Evolution kennt. Diese Anschauung ist besonders im volkstümlichen Hinduismus weit verbreitet, und Pythagoras begründete damit die Notwendigkeit der vegetarischen Ernährung. Auch Platon war diese Anschauung nicht fremd, wie auch einige Stellen aus seinem *Timaios*-Dialog zeigen.[97]

Die Chaldäischen Orakel

In dem Maße, in dem die klassischen Orakel des Altertums – vor allem das von Delphi – ihre Geltung einbüßten, kamen in der griechisch sprechenden Welt allenthalben private Orakelsammlungen auf, die der Verbreitung philosophisch-mystischer Lehren oder theurgischer Praktiken dienten. Besonders in hellenistischer Zeit kam die Orakelpoesie machtvoll auf, mit ganz unterschiedlichen Zielen: politische, antirömische Tendenzen zeigten die ägyptischen Töpferorakel, christliche Theosophie bemüht sich, in heidnischen Sprüchen biblische Gedanken wiederzufinden. Einem ausgesprochen religiös-philosophischem Zweck dienten jedoch die *Chaldäischen Orakel, Oracula Chaldaica,* eine Sammlung von 226 hexametrischen Orakelsprüchen, mystische Aphorismen unbekannter Götter, die von einigen Neuplatonikern fragmentarisch zitiert werden, von Porphyrios (234-305) über Proclus (401-485) bis hin zu Michael Psellos (1019-1078), dem großen byzantinischen Philosophen und Polyhistor.

Die Chaldäischen Orakel sind mit großer Wahrscheinlichkeit das Werk des zur Zeit des Kaisers Mark Aurel (161-180) lebenden Theurgen *Julianus,* der in ihnen Offenbarungen und Mahnungen der Götter empfängt; als sein Vater gilt Julianus der Chaldäer, der Kaiser Trajan bei seinen Feldzügen gegen den Osten nach Rom gefolgt sein dürfte. Der Ausdruck Chaldäer weist allgemein auf eine spirituelle Verbindung mit der Weisheit des Ostens hin; es dürfte weniger das alte Zweistromland zwischen Euphrat und Tigris gemeint sein, gilt doch Syrien als die eigentliche Stammheimat der beiden Juliani. Hierauf weist auch die tiefe Geistesverwandtschaft zwischen den Chaldäischen Orakeln und der syrischen Schule des Neuplatonismus hin; überdies scheint der Ausdruck Chaldäer auch ein Synonym für Magier gewesen zu sein.

Die mystischen Aphorismen der Chaldäischen Orakel genossen bei den Neuplatonikern der ausgehenden Antike, besonders den mehr religiös und theurgisch interessierten, größtes Ansehen. F. Cumont nannte sie als erster die „Bibel der Neuplatoniker"[98], und nach W. Theiler waren sie „für die späteren Neuplatoniker die dem Orient entstammende Bibel"[99]. Wir haben es also mit einem zentralen Kultbuch einer rein heidnischen Theosophie zu tun, das Seite an Seite steht mit den mystagogischen Schriften des Hermes Trismegistos, dem *Corpus Hermeticum*, und den verschiedenen Schulen der Gnosis. Vor allem Hermetische und Chaldäische Gedankengänge weisen größte Seelenverwandtschaft auf, wogegen die traditionelle christliche Gnosis mit ihrem ausgeprägten Dualismus und ihrem spezifisch christologischen Erlösungsgedanken eher außerhalb steht.

Die in den Chaldäischen Orakeln dargelegte Philosophie lässt sich am ehesten als eine mystische Feuerphilosophie umschreiben. Dabei handelt es sich doch keineswegs um ein geschlossenes philosophisches Schulsystem noch überhaupt um Philosophie im akademischen Sinne, sondern eher um die philosophische Begründung und Rechtfertigung theurgischer Praktiken und Initiations-Riten, die dem Aufstieg der Seele zur Welt göttlichen Feuers dienen. Die Orakel der Götter, die von Julianus dem Theurgen wohl in mediumistischer Trance oder in einem Zustand mystischer Ekstase empfangen wurden, klingen ebenso dunkel und unklar wie die frühesten Fragmente der Vorsokratiker; sie sprechen teilweise eine bilderreiche poetische Sprache, bleiben an anderer Stelle oft nur abstrus, sind insgesamt aber durchglüht von einem heiligen mystischen Eifer, der kein anderes Ziel kennt, als sich in höchster Schau mit Gott als dem namenlosen Einen zu verbinden.

Gott als das oberste Prinzip im Chaldäischen Weltsystem wird als das „Erste Transzendentale Feuer" bezeichnet, auch als „Vater", „Vater-Geist", als „Quelle" oder gar „Quelle aller Quellen" und in Anlehnung an pythagoreische Gedanken auch als „Monade", und zwar als „Vater-Monade" oder „triadische Monade". Es ist das höchste schöpferische Weltprinzip, und wenn Fragment 10 lehrt: „Alles ist hervorgegangen aus Einem Feuer", so denkt man gleich an Heraklits Feuerlehre, aber auch evtl. an iranische Einflüsse etwa aus der Zarathustra-Religion. Anders als im stoischen Weltsystem bleibt dieser oberste Gott vollkommen überweltlich und transzendent; ja die Tendenz des Mittel- und Neuplatonismus, das „Eine" als völlig attribut- und qualitätslos zu begreifen, bei Plotin deutlich sichtbar, wird hier geradezu gesteigert. Das Erste oder Eine hat keine andere Aufgabe, als in seinem Intellekt die Ideen als die Urbilder allen Seins zu denken. Es „denkt" — und sonst nichts. Es ist das reine Intelligible.

Daher gibt es unterhalb des Urgottes noch einen Zweiten Geist oder demiurgischen Intellekt, der die Aufgabe hat, nach dem Muster der gleich Blitzstrahlen aus dem Einen ausströmenden Ideen die intelligible oder himmlische, empyräische Welt zu erbilden. „Alles vollendete der Vater und übergab es dem Zweiten Geist, den Ihr – die gesamte menschliche Rasse – den Ersten Geist nennt" lehrt Fragment 7. Dieser Zweite Geist ist aber keineswegs der bekannte Demiurg der gnostischen Systeme. Denn er handelt bei seiner Weltschöpfung ganz im Auftrag und in der Vollmacht des Vaters; die Schöpfung ist also kein ungewollter Akt und erst recht kein Abfall. Außerdem ist der Zweite Intellekt durch ein verbindendes Drittes mit dem Ersten verbunden, mit einem Mittelglied, das als *dynamis* oder „Macht" bezeichnet wird, sodass sich Gott insgesamt als eine Triade darstellt. Gott besteht demnach aus 1. der Vater-Monade, 2. der „Macht" (die auch als „Dyade" bezeichnet wird) und 3. dem Zweiten oder demiurgschen Geist. Dieser Zweite Geist wird ein „Baumeister des Feurigen Kosmos" genannt, weil er kraft der

Ideen die himmlische Ursprungs-Welt, das Empyräum, erbildet.

Der Zweite Gott wirkt aber auch als ein „Verteiler des lebensspendenden Feuers, auf dass er den lebengebenden Schoß der Hekate anfülle und auf die zusammenfügenden Kräfte eine Portion fruchtbaren und machtvollen Feuers ausgieße". Es gibt nämlich im Weltsystem der Chaldäischen Orakel auch eine primordiale Materie, die – mythisch mit Aphrodite gleichgesetzt – als sternartig und himmlisch beschrieben wird. Zweifellos handelt es sich hier um die Weltseele als das vermittelnde Bindeglied zwischen Geistwelt und Materie. Diese Weltseele ist eine aufnehmende, rezeptive Kraft. Sie empfängt das in intelligible Ideen aufgespaltete schöpferische Urfeuer, das sie in ihren gewaltigen Schoß aufnimmt, um daraus die sternhaft-ätherische Welt und als Abbild davon die Welt der Materie zu erbilden. Dieser große Mutterschoß der Welt wird in der Chaldäischen Theologie als *Hekate* bezeichnet. Hekate ist gewissermaßen die Urmutter der Welt, empfangend und gebärend zugleich. Es wird in den Orakeln gesagt, „dass die Natur, die alles durchdringt, von der Großen Hekate abhängt" und dass „das Zentrum Hekates aus der Mitte des Vaters geboren wurde".

Unterhalb der Weltseele Hekate befindet sich noch die rein materielle Welt, die mit Hades gleichgesetzt wird, sodass wir insgesamt ein triadisches Universum haben, bestehend aus 1. *Empyreum*, 2. *Ätherium* und 3. *Materielle Welt*. Die triadische Struktur Gottes (Vater / Macht / Geist) spiegelt sich somit wider in der triadischen Struktur der Welt; alles Untere ist ein Abbild des Oberen (vgl. den Hermetischen Satz „Wie oben, so unten"). Fragment 76 spricht von „leuchtenden Welten" und nennt sie „Welten des Feuers, des Äthers und der

Materie"; ein anderes Fragment in den Orakeln sagt: „Es gibt eine Kette von Firmamenten – das Empyreum, das Ätherium und das Hyleum"(203). Die Aufteilung der Schöpfung in Drei Welten wird von einigen Neuplatonikern, etwa Proklos und Psellos, bestätigt. Wird das Ätherium von der Großen Weltenmutter Hekate regiert, so das Empyreum – der Solare Kosmos (59,184) – von der Transzendentalen Sonne, die mit dem Zeitgott *Aion* assoziiert wird. Aion / Hekate / Hades entsprechen also den drei leuchtenden Welten.

Und, um die Systematik zu vervollkommnen, wird nun jeder der drei Welten ein *Teletarch*, ein geistig-göttliches Wächterwesen, zugeordnet. „Der erste Teletarch führt den Flügel des Feuers, der zweite vervollkommnet den Äther, und der dritte Teletarch vollendet die Materie". Die Teletarchen gehören zusammen mit den *Iyngen* und den *Vereinigern* zu den zahlreichen Mittler- oder Zwischenwesen, die den Kosmos der Chaldäischen Theologie bevölkern; aber eine Gleichsetzung mit den gnostischen Archonten geht nicht an, da die Teletarchen durchaus den Willen des Vaters, des Einen und Höchsten erfüllen und dem Aufstieg des Menschen zur Lichtwelt nicht feindlich gesinnt sind, sondern diesen im Gegenteil unterstützen. Auf jeden Fall müssen Teletarchen, Iyngen und Vereiniger auch eine Bedeutung in den praktischen magischen Riten der Theurgie besessen haben; sie wurden vermutlich mit Hymnen angerufen und um Beistand beim Aufstieg gebeten.

Als weitere untergeordnete Wesen wären die *Engel* und *Dämonen* zu nennen, die in der Chaldäischen Theologie eine große Rolle spielen. Während die Engel sich als hilfreich erweisen und den Theurgen bei seinem Aufstieg zur oberen Welt unterstützen, indem sie „die Seelen durch Feuer leuchten lassen", stehen die Dämonen ganz mit der niederen Natur in Verbindung; sie sind nichts mehr als „chthonische Hunde", die aus den Höhlungen der Erde hervorspringen, um die Seele des zum Licht des göttlichen Feuers strebenden Eingeweihten von ihrem Ziel abzubringen und in die dunklen Niederungen der Materie hinabzuziehen. Diese vernunftlosen Wesen wohnen naturgeisterartig in den Elementen, in Luft, Wasser und Erde, nur nicht in dem den Chaldäern offenbar heiligen Feuer. Nur die Macht der Initiations-Riten vermag vor dem verderbenbringenden Einfluss der Dämonen zu schützen. Die Seele des Initiierten „leuchtet wie ein Engel, indem er im Licht lebt".

Die Seelenlehre der Chaldäischen Orakel geht davon aus, dass die menschliche Seele ein Abbild des Universums ist; daher existiert sie in Form einer Triade. In Fragment 44 lesen wir: „Die Chaldäer übermittelten ein Orakel über die ganze Seele als eine göttliche Triade. Der Chaldäer selbst sagt: Der Vater vermischte den Funken der Seele mit zwei harmonischen Prinzipien, der Vernunft und dem göttlichen Willen, denen er noch ein Drittes dazugab, reine Liebe als Führer und heiliges Band aller Dinge". Vernunft / Wille / Liebe, so lautet demnach die Triade der Seele; sie entspricht darin auch der triadischen Struktur Gottes (Vater / Macht / Geist). Die Seele des Menschen ist natürlich feuriger Natur, wie alles Göttliche; sie hat sich die „Blume des Feuers" gepflückt von den „Gipfeln der schlaflosen Zeit", d.h. sie besitzt das dem Urfeuer Gottes prinzipiell wesensverwandte innere Erkenntnisorgan, das sie instand setzt, sich mit Gott als dem Wesensgleichen zu vereinen.

Aber nur das Göttliche, Unsterbliche der Seele ist feurig und gottverwandt; sie besitzt aber auch „Fahrzeuge", d.h. Umhüllungen von feinerer oder dichterer

Stoffart, zu denen vor allem der „pneumatische Lebensgeist" zählt. Dieser als etwas Ätherisches bindet zwar die Seele an die Materie, aber „er begleitet die Seele im Aufstieg, soweit er ihr folgen kann", er ist also unser sorgfältig zu hütendes Gefährt, das den Eingeweihten auf seiner Reise zum Licht begleitet, aber vor allen dämonischen Fremdeinflüssen geschützt werden muss. In diesem Zusammenhang wird auch von einer „Reinigung unserer Lichtkörper" gesprochen als einer notwendigen Voraussetzung des Aufstiegs. Was es aber am meisten zu meiden gilt, ist jegliche Befleckung durch Materie. Die Chaldäischen Orakel argumentieren durchaus materiefeindlich: da ist von einer „bösen Materie" die Rede, sie gilt als „armselig, weil unfruchtbar", und an mehr als einer Stelle wird der Adept ermahnt, sich von den verderbenbringenden Einflüssen der Materie fernzuhalten.

Von den Seelen der Theurgen wird gesagt, dass sie „in der Engelordnung seien", dass sie aber nicht ewig in der intelligiblen Ordnung bleiben, sondern zuweilen auch „in das Werden hinabsteigen". Verglichen mit der auserwählten Schar der Theurgen sind die übrigen Menschen, da von den niederen Dämonen beherrscht, nur eine „Herde". Dennoch wird eine Reinkarnation selbst der ungeistigsten Menschen in Tiergestalt, eine sehr populäre Vorstellung in Kreisen spätantiker Neuplatoniker und -pythagoreer, abgelehnt: „Für menschliche Seelen ist es gegen die Natur, in vernunftlose Tiere einzugehen"; dies sei ein „unauflösliches Gesetz von den Gesegneten". Gestützt auf die Chaldäischen Orakel, wird sich auch ein Jamblichus gegen Plotin wenden, der eine Wiederverkörperung besonders tief gefallener Menschen in Tierkörpern für möglich hielt.

Die hauptsächliche Tugend des Menschen, die ihn reinigt und mit Gott zusammenführt, ist wieder eine Triade: „Glaube, Wahrheit und Liebe", zu der noch die „feuergebärende Hoffnung" hinzukommt; diese Haupttugend entspricht der Seelentriade des Menschen (Vernunft / Wille / Liebe). Vermöge dieser dreifachen Tugend, aber auch durch heilige Initiations-Riten, Reinigungen und machtvolle heilige Worte, kann der Mensch zu den Göttern aufsteigen, in die himmlische oder empyreische Welt, die von Aion, der Transzendentalen Sonne, regiert wird. Das Empyreum, der Feuerhimmel der antiken Naturphilosophen, in Dantes *Divina Commedia* der Ort ewigen Lichts und Aufenthalt der Seligen, stellt das Ziel allen theurgischen Strebens dar. Diese oberste Weltgegend, die intelligible Welt, wird als der Olymp oder das Paradies bezeichnet: „Das Chaldäische Paradies ist der vollständige Chor der göttlichen Mächte um den Vater und der empyreischen Schönheiten der erschaffenden Prinzipien". Der Aufstieg dorthin erfolgt auf den „empyreischen Kanälen", d. h. auf den Lichtstrahlen der Transzendenten Sonne.

Bei dem theurgischen Aufstiegsweg zur Feurigen Welt des Solaren Kosmos spielt auch Magie eine gewisse Rolle; hierzu gehören Reinigungsriten, Initiationen, aber auch das Rezitieren machtvoller heiliger Wörter, *nomina mysticae*, die an sich keinen Sinn ergeben, sondern allein kraft ihres Klanges eine übernatürliche Wirkung zeitigen. Ein solcher Glaube an die magische Macht des Wortes, der zweifellos semitischen Ursprungs ist, stellt ein Wesenselement aller Theurgie dar; und nach Cremer sind die Chaldäischen Orakel der „konstituierende Bestandteil der Theurgie; vor ihnen und ohne sie gibt es keine Theurgie"[100]. Von hier spannt sich ein Bogen zur Verwendung magischer Hymnen mit oft unaussprechlichen Worten in verschiedenen Schulen der Gnosis und in dem Hermetischen Nag Hammadi-Text *Über die Achtheit*, wo das Rezitieren einer solchen Hymne als Garant für das Aufsteigen in die achte, d.h. die Fixsternsphäre genommen wird.

Neben dem Aufstieg der Seele in das Himmelreich hat die Theurgie indes noch einen anderen Aspekt – nämlich den der Weissagung, indem Götter der himmlischen oder der Ätherwelt durch Formen der Magie dazu bewegt werden, vom Himmel herabzusteigen und in eigens dafür präparierten Statuen Wohnstatt zu nehmen, wo sie auf die Fragen des sie Invozierenden zu antworten haben. Man mag annehmen, dass Julian der Theurg durch solche Praktiken der Invokation und des Herabziehens der Götter in die physische Welt die Sinnsprüche der Chaldäischen Orakel gewonnen hat. Die Frage erhebt sich jedoch, ob bei solchen Praktiken der Göttermagie nicht auch ein Element der Nötigung, ja des Zwanges mit im Spiele sein mag; einige ungesicherte Fragmente aus unserer Orakelsammlung weisen darauf hin. Von der niederen Magie oder *magia naturalis*, die rein materielle Ziele anstrebt (Liebeszauber oder Beeinflussung des Wetters), unterscheidet sich die theurgische Göttermagie darin, dass ihre Ziele ganz im Geistigen bleiben.

Zusammen mit den Hermetischen Schriften gehören die Chaldäischen Orakel zu den wichtigsten Strömungen einer vom Christlichen freien, rein heidnischen Theosophie des Hellenismus. Was beide Systeme miteinander verbindet, ist vor allem der durchgängige Monismus, der – trotz einer gewissen Materiefeindlichkeit, die zuweilen auftaucht – das All als ein einheitliches, von göttlichen Kräften durchpulstes Ganzes sieht. Das Besondere der Chaldäischen Orakel gegenüber dem

Hermetismus liegt aber zum einen in der stark ausgeprägten Sonnen- und Feuersymbolik, die ihren Ursprung ohne Zweifel in Syrien hat, und zum anderen in der stärkeren Betonung der Magie und dem bewussten Praktizieren einer Orakeltechnik. Auch das in Triaden geordnete Weltschema scheint typisch für die Chaldäische Theologie zu sein.

Die griechische Philosophie beginnt mit den fragmentarischen Rätselsätzen der Vorsokratiker, und sie endet — zweifellos unter orientalischem Einfluss — mit den Götter-Aphorismen der Chaldäischen Orakel. Sie dürften für jeden, der sich mit den esoterischen und theosophischen Strömungen des Hellenismus beschäftigt, von vorrangigem Interesse sein.

Dionysios Areopagita

Am Anfang aller christlichen Mystik und Theosophie steht das Werk eines Unbekannten: *Dionysios Areopagita* war weder jener Athener Ratsherr, der laut Apostelgeschichte als einziger Zuhörer von Paulus bekehrt wurde (Apg. 17,34), noch war er identisch mit dem Pariser Märtyrer Dionysius, mit dem man ihn in der Tat oft verwechselte. Tatsächlich verbirgt sich hinter dem Namen des Dionysios Areopagita ein unbekannter Autor, ein griechisch schreibender Christ, der wohl um das Jahr 500 in Syrien oder Kleinasien gelebt haben muss. Manche glauben freilich, in der Person des Severus, Patriarch von Antiochia, der um 539 exkommuniziert starb, diesen Autor zu erkennen; aber der Schleier des Geheimnisses, der den ersten Mystagogen des Christentums umgibt, bleibt immer noch ungelüftet.

Alles, was die Nachwelt von ihm besitzt, sind seine Schriften, die allerdings im Abendland eine ungeheure Wirkung entfalteten. Mit Sicherheit dürften sie — es handelt sich um vier Abhandlungen — nicht vor dem Jahr 482 verfasst worden sein; denn sie setzen die Kenntnis nicht nur Plotins, sondern auch des Neuplatonikers Proklos voraus. *Proklos* (410–458), das angesehene Haupt der Athener Schule des Neuplatonismus, hatte seinerzeit die Lehren des Plotin in systematische Form gebracht und damit die letzte philosophische Hochblüte des antiken Heidentums herbeigeführt. Die Werke des Dionysios Areopagita, der wegen seiner Anknüpfung an Plotin und Proklos selbst als Neuplatoniker gelten darf, gelangten erst im 9. Jahrhundert ins westliche Abendland. Der oströmische Kaiser Michael II. vermachte sie im Jahr 827 Ludwig dem Frommen als Geschenk; daraufhin wurden sie von Abt Hilduin in der Kathedrale St. Denis zu Paris aufbewahrt.

Nachdem sie von dem irischen Mönch *Johannes Scotus Eriugena* (810–880), dem gelehrten Hofschulmeister Karls des Kahlen, ins Lateinische übersetzt wurden, wirkten die Gedanken des Dionysios auf das gesamte europäische Denken des Mittelalters ein; sie beeinflussten Albertus Magnus, Thomas von Aquin, Meister Eckhart und Nikolaus von Kues; auch *Dante Alighieri* (1265–1321), der Verfasser der Göttlichen Komödie, bezieht sich auf ihn. Im Lichte dieser Ideengeschichte erweist sich Dionysios Areopagita als ein Pionier west-östlicher Synthese, der den oströmischen Geist neuplatonischer Mystik, ja mehr noch, den orientalischen Geist mystischer Ekstase und gottestrunkener Glückseligkeit mit dem Christentum und dem Geist des Abendlandes verschmolz, indem er tief hineinwirkte in die Gedankenwelt der mittelalterlichen Scholastik. Da seine Schriften auf dem Lateranischen Konzil von 499 als authentisch und für die Christenheit maßgeblich angenommen wurden, wurden sie von vielen Scholastikern gleich nach

Aristoteles zitiert. Sie heißen: *De Divinis Nominibus* –
Über die göttlichen Namen; *De Mystica Theologia* – Über
die Mystische Theologie; *De Caelesti Hierarchia* – Über
die Himmlische Hierarchie und *De Ecclesiastica Hierarchia* – Über die Kirchenhierarchie.

In seiner Hierarchienlehre erhebt sich der oströmische Theosoph Dionysios entrückt in die Regionen des
höchsten göttlichen Urlichts, wo er die wohlgestuften
Ordnungen der Engel und Erzengel erschaut. Schon
Proklos, der heidnische Philosoph, schilderte den Kosmos mit all seinen sinnlichen und übersinnlichen Wirk-
lichkeits-Ebenen als einen einzigen, großen, hierarchisch gegliederten Weltenorganismus, der zwar viel-
gestaltige Götter-Hierarchien in sich birgt, aber doch
von einer einheitlichen Urkraft durchwaltet wird. Dieses alte, antike Götter-Pantheon, philosophisch über-
höht und verklärt durch den Neuplatonismus, weiß Dionysios nun in seine eigene Zeit hineinzunehmen, indem er die Logoi der heidnischen Denker mit den Engeln des christlichen Mythos gleichsetzt. Hatten nicht
schon vor ihm christliche Theologen den Logos der
spätantiken Philosophen, etwa des Philo von Alexandrien, mit Christus gleichgesetzt?

Aber für Dionysios Areopagita sind diese Logoi oder
Engel nicht bloß Abstraktionen, lebensleere Begriffe,
Erfindungen eines spekulierenden Menschenverstan-
des, sondern tatsächlich existierende und durchaus
lebendige Wesenheiten, die sich dem schauenden Auge
des Eingeweihten in ihrer wahren Geistgestalt offenbaren. Für Dionysios gibt es im Universum eine Vielzahl
von durchaus persönlich gedachten Schöpfungs-, Ge-
staltungs- und Erhaltungskräften, die als Sachwalter der
höchsten göttlichen Trinität in den himmlischen Welten
unablässig tätig sind, und zwar zuoberst die *Throne,*

Cherubim und *Seraphim*, sodann die *Gewalten, Herrschaften* und *Mächte*, schließlich die *Engel, Erzengel* und *Urbeginne*, alles ein wohlgeordneter und vielfältig abgestufter Schöpfungsbau, in dem Alles ineinandergreift und im Zusammenwirken ein lebendiges Ganzes bildet.

Die im Grunde genommen griechische, antike Idee von der Welt als einem *Kosmos*, als einem sinnerfüllten harmonischen Ganzen, scheint hier noch hindurchzuleuchten. Areopagita hat mit seiner Hierarchienlehre diese Kosmos-Idee des klassischen Griechentums in die Welt des Christentums eingeführt; seine Engel sind gut und gerne auch platonische Ideen oder pythagoreische Zahlen, auf jeden Fall kosmosgestaltende Mächte. Liest man heutzutage derartige Ausführungen, so überkommt den Leser doch zuweilen ein Gefühl der Fremdheit. Unserer heutigen Zeit scheint schon der bloße Gedanke einer realen Existenz von Engeln abwegig zu sein; allein in den Bewegungen der neuen Esoterik scheinen Engel wieder eine gewisse Rolle zu spielen. Rudolf Steiner hat mit seiner „Anthroposophie" aufzuzeigen versucht, wie intensiv die von Dionysios Areopagita geschilderten triadischen Engelhierarchien in die Erden- und Menschheitsentwicklung hineinwirken, indem sie nicht nur Einzelmenschen inspirieren (Engel), sondern auch Kulturkreise (Erzengel) und ganze Zeitalter (Urbeginne).

In den Engelhierarchien sah Steiner die „älteren Brüder" der Menschheit, da sie in früheren Schöpfungszyklen schon ihr Menschheits-Stadium durchlaufen hätten und heute an dem Ort stünden, zu dem die Menschheit erst in zukünftigen Weltentwicklungs-Zuständen gelangen soll. Die Hierarchienlehre des Areopagita hat Steiner komplett in die Evolutions- und Weltentwicklungslehre der „Anthroposophie" hineingenommen, ein

Beweis eher für die geistige Strahlkraft jenes unbekannten syrischen Mönches, der um die Wende zum 6. Jahrhundert eine Abhandlung über die himmlischen Hierarchien verfasst hat.

Auch in Dantes *Göttlicher Komödie* wird der areopagitischen Hierarchien gedacht — am Ende des 28. Gesanges: Als Dante, von Beatrice geleitet, in den Lichtglanz des neunten Himmels aufsteigt, sieht er neun Feuerkreise, die sich immerfort um die Ur- und Zentralsonne des Alls drehen; sie versprühen dabei wirbelnde Feuerfunken. Auch hier werden die neun Hierarchien als Inhalte einer geistigen Schau dargestellt:

Sie, die so oft das Dunkel mir gehellt,
Begann: Du siehest in den ersten Bogen
Die Seraphim und Cherubim gesellt:

Die kreisen so geschwind in ihren Schlingen,
Um Gott, so viel sie können, gleich zu sein:
So hehr ihr Schauen, ist auch ihr Vollbringen.

Die andern Lieben, die zunächst sich reih'n,
Nennt Thronen man, dem Gottantlitz errichtet,
Weil sie die Grenze ziehn den ersten Drei'n.

Die ersten sind in dieser Hierarchie
Herrschaften, neben denen Kräft' erglänzen,
Und als die dritten folgen Mächt' auf sie.

Dann schwingen in den zwei vorletzten Kränzen
Erst Fürstentümer sich, Erzengel dann;
Der letzte ist erfüllt von Engeltänzen.[101]

Die Wesenheiten der himmlischen Hierarchie kreisen um Gott wie die Planeten um die Sonne – auch hier leuchtet ein erhabener Kosmos-Gedanke hindurch, der das sichtbare Weltall als die Widerspiegelung einer höheren geistigen Welt begreift. Kein Wunder, dass Areopagita das höchste Göttliche immer mit dem Symbol der Sonne umschreibt. Gott ist für ihn „das Gute" schlechthin, das physische Licht scheint ihm als Abglanz und Abstrahlung dieser „Idee des Guten". Uraltes Sonnenpriestertum klingt noch hindurch, wenn Areopagita das *Licht* als Sinnbild göttlicher Kraftausstrahlung mit geradezu enthusiastischen Worten feiert:

> Was aber vermöchte einer über den Sonnenstrahl an und für sich sagen? Denn das Licht stammt vom Guten und ist ein Bild der Güte. Deshalb wird das Gute mit dem Namen ‚Licht' gepriesen, weil sich das Urbild im Abbild offenbart. Gleichwie nämlich die Güte der alles übersteigenden Gottheit von den höchsten und vornehmsten Wesen bis zu den untersten herabdringt (…), so erleuchtet auch das strahlende Abbild der göttlichen Güte, diese große, durch und durch lichte, immer flammende Sonne wie ein vielgestaltiges Echo des Guten, alle Körper, die an ihr teilnehmen können.[102]

Mit diesen Worten erweist sich der unbekannte Autor als Vertreter eines *kosmischen Sonnen-Christentums*, wie es zur Zeit der Urkirche vielleicht existiert haben mochte. Zugleich ist er der erste bewusst christliche Mystiker des Abendlandes; ein anderes seiner Werke trägt den Titel *Über die Mystische Theologie*. Das Wort Mystik stammt aus dem Griechischen; es leitet sich her von dem Verb *myein*, das so viel bedeutet wie: die Lippen, die Augen schließen – also die kontemplative Versenkung ins eigene Innere, das sich beim immer tieferen Hineingehen als ein Spiegel des Weltganzen erweist. Und im Zustand der *myesis*, der Versenkung, herrscht nur noch tiefstes Schweigen; aber nicht nur die Stimme versinkt im mystischen Meer des Schweigens, sondern auch die Sinnestätigkeit und der Verstand:

> Denn sobald unsere Seele sich zum Geistigen bewegt, erscheinen die Wahrnehmungen der Sinne und deren Gegenstände überflüssig, ebenso wie auch die intellektuellen Fähigkeiten überflüssig werden, wenn die Seele, gottähnlich geworden, durch unfassbare Einigung mit den Strahlen des unzugänglichen Lichtes in Kontakt tritt.[103]

Durch das symbolische Schließen der Augen, durch die Abkehr von der äußeren Sinnenwelt, soll eine Art inneres Gesicht erweckt werden, das die Befähigung zum geistigen Schauen verleiht. Das in der geistigen Schau Gesehene bleibt allerdings zumeist jenseits alles Denkbaren und Sagbaren. Denn am Ende des mystischen Weges steht die *unio mystica*, die völlige Einswerdung des Meditierenden mit der allumfassenden Weltengottheit, die als die schöpferische Ur-Einheit des Alls der ewig fließende Springquell alles Guten, allen Lichtes und allen Lebens ist. Darin also liegt das höchste Ziel aller Mystik beschlossen: vereint zu sein mit dem uranfänglichen Einen, den heiligen Feuerfunken des eigenen Selbst hinabtauchen zu lassen in das Flammenmeer des großen göttlichen Weltenselbst; und dann erst gelten die folgenden Worte des Angelus Silesius, die das Zentralerlebnis aller Mystik kennzeichnen:

> Ich selbst muss Sonne sein; ich muss mit meinen Strahlen // Das farbenlose Licht der ganzen Gottheit malen.//[104]

Johannes Scotus Eriugena

Johannes Scotus Eriugena (ca. 815–877), ein Mönch oder Kleriker irischer Herkunft, steht in der wahrhaft dunklen Zeit zwischen der Spätantike und der Blüte der Hochscholastik als eine einsame Geistesgröße da; er wirkte im Westfrankenreich am Hofe Karls des Kahlen (823–877) als Lehrer der sieben freien Künste, Hofdichter und Theologe. Er war beeinflusst von Augustinus, Dionysios Areopagita, Maximus dem Bekenner sowie den kappadokischen Vätern wie Basilius und Gregor von Nazianz, ja er war zu seiner Zeit der einzigartige Vertreter und Wiederentdecker der neuplatonischen Philosophie.

Als im Jahre 825 das griechische Werk des Dionysios Areopagita durch einen Botschafter des byzantinischen Kaisers Ludwig dem Frommen gebracht und danach der Abtei Saint Denis in Paris übergeben wurde, fertigte der dortige Abt Hilduin zunächst eine lateinische Übersetzung des Werkes an. Da diese offensichtlich unzureichend war, übersetzte auch Johannes Scotus Eriugena den Text ins Lateinische und schrieb einen Kommentar dazu. Ohne ihn wäre das Werk des mystischen Theologen wohl kaum der Nachwelt überliefert worden, denn Eriugena gehörte zu seinen Lebzeiten zu den Wenigen auf dem europäischen Kontinent, die des Griechischen mächtig waren und aus der platonischen Tradition zu schöpfen vermochten.

Eriugenas theologisches Hauptwerk trägt den Titel Περί φύσεων – über die Naturen. Er unterscheidet zwischen einer *natura naturans* und einer *natura naturata*, einer hervorbringenden und einer geschaffenen Natur. Da beide Naturen jedoch letzten Endes eins sind, Gott und die Natur, gelangt Eriugena zu einer pantheistisch gedachten Emanationslehre, wonach sich die Wirklichkeit in verschiedenen Seins-Stufen (Hypostasen) aus dem All-Einen entfaltet, ähnlich wie es schon bei Plotin dargestellt wird. Vielleicht sollte man statt von *Panthe-ismus* richtiger wohl von *Pan-en-theismus* sprechen, in dem Sinne, dass Gott als das Eine in Allem ist, aber doch mehr darstellt als bloß die Summe von Allem; vielmehr hat das Alles Anteil am Einen, so wie bei Platon die Dinge Anteil haben an den Ideen. Mit anderen Worten, die Welt ist eine Theophanie, eine Erscheinung Gottes, sie ist aber nicht mit Gott identisch.

Die Welt stellt sich also als eine Evolution von Naturformen dar. Dabei geht die Entwicklung strikt von oben nach unten, von der höchsten Gottheit bis zur sinnlichen Körperwelt. Eriugena sagt:

> Mir scheint die Einteilung der Natur vier unterschiedene Formen anzunehmen. Sie teilt sich zunächst in eine solche, welche *schafft und nicht geschaffen wird*; sodann in eine solche, welche *geschaffen wird und schafft*; zum Dritten in eine solche, welche *geschaffen wird und nicht schafft*; zum Vierten in eine solche, welche *nicht schafft und nicht geschaffen wird*. Von diesen vier Teilungen stehen sich je zwei einander entgegen, die dritte der ersten, die vierte der zweiten. Aber die vierte fällt unter Unmögliches, da ihr Unterscheidendes darin besteht, dass sie nicht sein kann.[105]

Die Natur, welche schafft und nicht geschaffen wird, ist Gott; die Natur, welche geschaffen wird und schafft, wäre dann die Engelwelt (bei Platon: die Ideen); die Natur, welche geschaffen wird und nicht schafft, ist der Mensch, und die Natur, welche nicht schafft und nicht geschaffen wird, ist das Nichts, da sie ja offenkundig gar nicht existiert. Der Weltprozess ist also zwischen dem Sein und dem Nichts aufgespannt, und in der Mitte zwischen Sein und Nichts schwebt das Etwas, und zwar in seinen verschiedenen Stufungsgraden. Eriugena lehrte, dass alle Menschen und alle Wesen einschließlich der Tiere Gottes Attribute widerspiegeln und erlöst werden können; am Ende werde das reine Universum unter Gottes Herrschaft wiederhergestellt. Der Mensch nun, nach dem Ebenbilde Gottes geschaffen, trägt alle Naturen in sich, ja er umspannt in seiner Gottesebenbildlichkeit alle Welten:

> Denn der Mensch ist, wie wir gesagt haben und noch oft genug wiederholen werden, in solcher Würde der geschaffenen Natur gebildet worden, dass es keine sichtbare oder unsichtbare Natur gibt, die nicht in ihm gefunden würde. Er ist nämlich aus den beiden allgemeinen Teilen der geschaffenen Natur, der sinnlichen und gedankenhaften, in wunderbarer Vereinigung zusammengesetzt, d. h. er ist aus den äußersten Enden der ganzen Kreatur verbunden.[106]

Das bedeutet, dass der Mensch auch die Gotteswelt und die Engelwelt in sich trägt, die er beide mit der Naturwelt verbindet, indem er sich gerade dadurch als das Wesen der Mitte erweist. Die Selbst-Entfaltung Gottes durch die Naturformen zeigt sich als ein fünffacher Prozess, vom Mineral über Pflanze und Tier bis zum Menschen und Engel:

> Alles, was natürlicher Weise besteht, ist durch die fünffache Bewegung der gesamten Kreatur vom Schöpfer in's Dasein gerufen. Einiges nämlich wurde gerufen, um nur wesentlich zu bestehen; Anderes, um zu bestehen und zu leben; in Anderem ist zum wesentlichen Leben der Sinn hinzugetreten; in Anderem wiederum tritt zum Lebenssinne die Vernunft, in Anderem endlich ist zur Vollendung der erwähnten natürli-

chen Bewegungen das Denken hinzugekommen. Die erste Art dieser Bewegungen findet sich in den Naturkörpern, die zweite im Lebensbereiche des pflanzlichen Wachstums, die dritte in den vernunftlosen Tieren, die vierte wird eigentümlich in der menschlichen und die fünfte in der englischen Natur angetroffen.[107]

In Weiterführung dieses Gedankens könnte man sagen: Der Mensch ist als Mineral, er lebt als Pflanze, er fühlt als Tier, und denkt als Mensch; über dem Menschen noch steht der Engel, bei dem zum Denken das geistige Schauen hinzugekommen ist.

Eriugenas Gedankengang war zu hoch, als dass er von Seiten der Kirchenoberen viel Verständnis oder gar Zustimmung bekommen hätte. Im Gegenteil: Papst Honorius III. verurteilte das Werk bei der Synode in Sens 1225, auch Papst Gregor VIII. verurteilte 1585 die Bücher. Um 1125/1130 stellte der theologische Schriftsteller Honorius Augustodunensis einen Auszug aus dem Hauptwerk Eriugenas zusammen, dem er den Titel *Clavis physicae* gab. Und diese sehr populäre Clavis physicae gelange in die Hände von Meister Eckhart; wegen der kirchlichen Verurteilung des irischen Philosophen könnten sich seine Lehren im Spätmittelalter nur auf diesem indirekten Weg verbreiten.

Anselm von Canterbury

Aber bevor wir auf Meister Eckhart zu sprechen kommen, der sich damit als der wahre geistige Erbe von Platon, Plotin, Areopagita und Eriugena erweist, müssen wir noch auf einen anderen Kirchenlehrer des hohen Mittelalters hinweisen, der immerhin versucht hat, auf der Grundlage der platonischen Philosophie einen Gottesbeweis aufzustellen, *Anselm von Canterbury* (1033

–1109), der gemeinhin als der Vater der Scholastik gilt. Dieser herausragende Theologe, der später sogar heiliggesprochen und zum Kirchenlehrer ernannt wurde, eine Ehre, die nur Wenigen zukam, war seiner Herkunft nach Italiener; er stammte aus dem Aosta-Tal, seine Familie kam aus altem langobardischem Adel. Er hat seine theologische Ausbildung in Frankreich absolviert, insbesondere in der Benediktiner-Abtei Le Bec, erst 1093 trat er das Amt des Erzbischofs von Canterbury an. Worum es ihm theologisch ging, hat er in seinem Frühwerk *Proslogion* klar gemacht: *Credo ut intellegam* – „Ich glaube, damit ich erkenne!" Der Glaube sollte ein Erkenntnisweg sein, oder zumindest von einem solchen begleitet werden; es war kein blinder Glaube gefordert. Und damit ist uns zugleich auch die Grundmaxime aller Scholastik gegeben.

Im *Proslogion* und in der Frühschrift *Monologion* findet sich sein berühmter ontologischer Gottesbeweis, der eher als eine Meditation über das Wesen Gottes zu sehen ist. Dabei ist sein Gedankengang ein denkbar einfacher: dessen Ausgangspunkt ist der Satz Gott sei „das, worüber hinaus Größeres nicht gedacht werden kann" (*aliquid quo maius nihil cogitari potest);* da es aber keinen Gedankeninhalt gibt, im Vergleich zu dem nicht etwas noch Größeres gedacht werden kann, so muss Gott als das schlechthin Größere denknotwendig existieren. Man sieht, dass dieser ontologische Gottesbeweis auf eine, mathematisch gesprochen, infinite Reihe hinausläuft; denn sobald etwas als groß gedacht wird, kann man immer etwas noch Größeres denken.

Und man sieht hier auch, welche Schwäche diesem Gottesbeweis zugrunde liegt: dass aus dem bloßen *Begriff* Gottes gleich auf die *Realität* Gottes geschlossen wird. Aber das ist ja das typisch Platonische dabei. Die

Idee einer Sache ist schon die Sache selbst. Hier gilt nämlich: „Je mehr Allgemeinheit, desto mehr Realität. Daraus folgt, wenn Gott das allgemeinste Wesen ist, dass er auch das realste, wenn er das absolut allgemeine Wesen ist, dass er auch das absolut reale Wesen ist: *ens realissimum*. Er hat deshalb seinem Begriffe nach nicht nur die vergleichsweise größte Realität, sondern auch die absolute Realität, d.h. eine Realität, wie sie größer und höher nicht gedacht werden kann. (…) Nach diesen Voraussetzungen schließt Anselm völlig richtig, aus dem bloßen Begriffe Gottes als dem des allervollkommensten und allerrealsten Wesen müsse seine Existenz gefolgert werden können."[108]

Im Universalienstreit des Hochmittelalters vertrat Anselm von Canterbury dann folgerichtig die Position des Realisten, des Platonikers – im Gegensatz zu den Nominalisten wie Roscelinus und Wilhelm von Ockham, die in den Allgemeinbegriffen nur Namen, ja letzten Endes nur gesprochene Laute sahen.

Meister Eckhart

Der Dominikaner-Mönch *Meister Eckhart* (1260–1329) gilt als der wortgewaltige Vollender der hochmittelalterlichen Mystik, die eine Erneuerung des religiösen Lebens aus der Kraft lebendiger Geist-Erfahrung anstrebte. Kein bloßer Autoritätsglaube sollte fortan mehr gelten, kein bloß äußerlicher Bibelglaube, wie ihn die Kirche forderte, keine Einbindung erfahrbarer Geist-Wirklichkeiten in starre Lehrgebäude, sondern unmittelbares Innewerden Gottes auf dem Wege der Kontemplation und Meditation. Versenkung ins eigene Innere, die Augen schießen, die Lippen schließen, Schweigen – das ist von jeher der Weg der Mystik gewesen, auch der außereuropäischen. Aber während die Mystik einiger klassischer Yoga-Schulen eher zur Weltflucht neigt und das Erdendasein des Menschen überhaupt ablehnt, kommt der Eckhart'schen Mystik ein Moment der Weltbejahung, der weltzugewandten Aktivität zu.

Rückzug aus dem öffentlichen Leben, Askese und Selbst-Kasteiung werden nicht als Begleiterscheinungen des mystischen Weges gesehen. Der Tat-Mystiker im Sinne von Meister Eckhart steht mitten in der Welt, er erfüllt in der Welt seine Pflicht und Aufgabe, aber in seinem innersten Seelengrund hält er sich frei von allen egohaften Bindungen an das Materiell-Wirkliche. Die Eckhart-Mystik ist somit ein religiöser Vergeistigungs- und Verinnerlichungsweg, der den tätigen Menschen anspricht, ihn aber auch über den Horizont seiner Taten hinaus das Licht der Ewigkeit schauen lässt.

In der Person und im Leben des Meister Eckhart erreicht die mittelalterliche Mystik ihren Vollendungspunkt. Meister Eckhart wollte „nicht Lesemeister, sondern Lebemeister" sein, also ein Mann der Tat, der die Einswerdung mit dem Göttlichen gerade mitten im tätigen Leben vollzieht. Deshalb stellte er die Wortverkündigung, den Predigerdienst, in den Mittelpunkt seines Lebens. Von allein, so glaubte er, würde das „Innere Licht" nicht in den Herzen der Menschen entflammen; es muss vielmehr durch das äußere Wort weitergegeben werden. Aber anders als später Jakob Böhme, der ein theologischer Laie war, hatte Meister Eckhart eine gründliche Ausbildung genossen:

Im Jahre 1303 war er an der Universität Paris Magister geworden, im Dominikaner-Orden hatte er hohe Ämter inne: 1307 übernimmt der aus Thüringen stammende Eckhart die Leitung der Ordensprovinzen Sachsen und Böhmen; seit 1313 ist er Prior in Straßburg; um 1320 bezieht er einen theologischen Lehrstuhl an der

Universität Köln. Überall predigt er zu großen Menschenmengen, meist auf Deutsch. Der Konflikt mit der Amtskirche konnte nicht ausbleiben. Ein Häresie-Prozess gegen ihn wurde angestrengt. 1329 trifft der in Avignon residierende Papst Johannes XII. die Entscheidung. Mit seiner Bulle *in agro dominico* verdammt er die Lehre Eckharts, besonders 28 ihrer Kernsätze, als „häretisch"(ketzerisch). Noch im selben Jahr stirbt Meister Eckhart unter ungeklärten Umständen.

Von nun an versinkt seine Lehre über 500 Jahre lang in Vergessenheit. Eine unmittelbare Nachwirkung gab es freilich doch, so auf den Straßburger Prediger *Johannes Tauler* (1300–1361), der den Geistessamen der Mystik weiterträgt; so auf die mystische Bewegung der „Gottesfreunde" am Oberrhein. Aber wiederentdeckt wird Meister Eckhart erst im 19. Jahrhundert, und zwar durch den verdienstvollen Germanisten Franz Pfeiffer, der 1857 die *Deutschen Predigten und Traktate* Eckharts in einer Gesamtausgabe herausbrachte. Darauf fußt die heute allgemein gebräuchliche Edition der Eckhartischen Schriften von Josef Quint.

Besonders in den deutschen *Predigten und Traktaten*, die an die Adresse des Volkes gerichtet waren, spricht der Dominikanermönch Meister Eckhart von der ungeheuren Wucht der religiösen Unmittelbarkeitserfahrung – und wird so gegenüber den scholastischen Erstarrungen seiner Zeit zum Anwalt einer neuen Innerlichkeit. Obwohl ein Gelehrter von hohem Rang, der Aristoteles und Thomas von Aquin kannte, der an den Universitäten Paris und Köln die scholastische Gelehrsamkeit seiner Zeit gründlich kennengelernt hatte, weist er die Macht abstrakter Gedanken über Gott zurück als Hindernis jeder wirklich unmittelbaren Gotteserfahrung. Es geht eben nicht an, Gott auf eine intellektuelle Formel zu reduzieren, wie es die Scholastiker gar zu gern taten (Anselm von Canterbury besonders, mit seinem ontologischen Gottesbeweis); ist Gott doch der lebendige Urstrom, in den wir uns mit unserem ganzen Sein, nicht allein mit dem Denken, hineinstellen müssen. Deshalb unterscheidet Eckhart grundsätzlich zwischen der erlebten Gottheit und einem bloß gedachten Gott. Das Erleben Gottes steht bei ihm im Mittelpunkt.

Der Unterschied zwischen einem bloß gedachten Gott und der in den unauslotbaren Tiefen der menschlichen Subjektivität erfahrenen Gottheit kommt in den *Reden der Unterweisung* deutlich zum Ausdruck. Heißt es doch dort:

> Der Mensch soll sich nicht begnügen lassen an einem gedachten Gott, denn wenn der Gedanke vergeht, dann vergeht auch der Gott. Man soll vielmehr einen wesenhaften Gott haben, der weit erhaben ist über die Gedanken des Menschen und alle Kreatur.[109]

Und weil Gott weit über allen Gedanken der Menschen steht, ist es schlechterdings unmöglich, die Wirklichkeit Gottes gedanklich einzuholen, das heißt, irgendeine positive (bejahende) Aussage über Gott zu formulieren. Vielmehr kann die Wirklichkeit Gottes nur durch negative Abgrenzungen bestimmt werden; daher nennt sich die Theologie der Mystik eine „negative Theologie" (*theologia negativa*), die das Wesen Gottes nur in Verneinungen ausdrückt: Sie sagt nicht, was Gott ist, sondern nur, was er nicht ist. Und zwar deswegen, weil es unmöglich ist, die in den tiefsten seelischen Abgründen erfahrene Gottheit in das Schema theologischer Gedankensysteme hineinzupressen.

Mit dem Adlerflug des wahrhaft freien Geistes erhebt sich Meister Eckhart über alle zeitlichen Begrenzungen; er führt uns zu den Quellen ewiger Weisheit, die in ähnlicher Form in allen mystischen Traditionen der Welt, in der indischen *Bhagavad Gita*, in Lao-Tse's *Tao-teh-King*, im islamischen Sufismus fließen. Die wahre Befreiung des Geistes sieht Eckhart darin, dass der Geist – von allen weltlichen Dingen gelöst – sich im Handeln nur vom Licht des Ewigen leiten lässt:

Man muss sorgsam sein, sich unbehindert zu halten bei aller Tätigkeit. Und nur sie sind unbehindert, die all ihr Tun nach dem Vorbilde des Ewigen Lichtes richten. Geschäftigkeit ist ein äußerliches Getue; aber Tätigkeit, das ist, was man mit Bescheidenheit von innen her ausübt. Nur diese Menschen, die geziemenderweise so neben den Dingen stehen und nicht in ihnen, sind rechte Menschen. Sie stehen nahe zu dem Ihrigen, sie verwalten das Ihrige wohl recht, aber sie halten es nicht anders, als stünden sie doch jederzeit am Rande der Ewigkeit.[110]

Äußerlich steht der Mystiker mitten im praktischen Leben, innerlich bleibt er jedoch frei – sein Geist ist über den Dingen, nicht in ihnen. Diesen Zustand völliger Losgelöstheit von allem Weltlichen hat Meister Eckhart mit Worten wie Gelassenheit, Abgeschiedenheit, Leerheit beschrieben. Er sagt:

Es gibt zweierlei Geburt des Menschen: eine in die Welt hinein und eine aus der Welt hinaus und in Gott hinein. Willst du nun wissen, ob du zu Gottes Sohn gemacht seist, so wisse: solange du noch um irgendein Ding Leid trägst, es sei denn um der Sünde willen, solange ist deine Kindschaft noch nicht geboren.[111]

Im Verlauf des mystischen Weges dringen wir in eine Region unseres Seelenlebens ein, die völlig frei ist von weltlichen Bildern, unerschaffen und unzerstörbar, ewig und göttlich. Diese Seelenregion liegt jenseits allen intellektuellen Begreifens, auch jenseits von Raum und Zeit; sie ist unser „stilles Kämmerlein", das „Seelenfünklein", das „Bürglein der Seele", der „Seelengrund". Auf dieses Ewige im Menschen, auf diesen göttlichen Geistkern, will Meister Eckhart immer wieder hinweisen. In diesem Seelengrund vollzieht sich die „Geburt des Sohnes", des Christus-Logos, ja die mystische Einswerdung mit Gott selbst, das Wunder der *unio mystica*. Jede menschliche Sprache muss versagen, um das zu schildern, was beim Zurückfließen in den grundlosen Abgrund, beim mystischen Einswerden mit Gott, empfunden wird. Meister Eckhart hat dennoch versucht, das Unaussprechliche auszusprechen. Das folgende Zitat aus den Predigten und Traktaten zählt zu den klassischen Texten der deutschen Mystik:

> Ich habe schon öfters gesagt: es ist eine Kraft in der Seele, die nicht Zeit noch Fleisch berührt, sie fließt aus dem Geist und bleibt Geist und ist ganz und gar geistlich. In dieser Kraft ist Gott allzumal grünend und blühend in aller der Freude, die er in sich selber ist. Denn der ewige Vater gebiert seinen ewigen Sohn in dieser Kraft ohne Unterlass. (...) Denn Gott ist in dieser Kraft als in dem ewigen Jetzt.[112]

Nikolaus Cusanus

Von Meister Eckhart führt nun eine direkte Linie zu *Nikolaus von Kues* (Nikolaus Cusanus, 1401–1467), dem großen Theologen, Philosophen, Kardinal und päpstlichem Legat auf der Schwelle vom Spätmittelalter zur Frühneuzeit. Denn Meister Eckhart hat wesentlichen Einfluss auf ihn ausgeübt. Cusanus benutzte nur die lateinischen Schriften Eckharts, nicht die deutschen *Pre-*

digten und Traktate. Es gibt eine Eckhart-Handschrift im Besitz des Cusanus, die dieser mit Randnotizen versehen hat. Da einige der Schriften Eckharts nach seinem Tode kraft päpstlicher Bulle als häretisch verurteilt wurde, war es nicht leicht, ihn zu zitieren oder sich auf ihn zu berufen. Meist wurde Eckhart von seinen Nachfolgern anonym zitiert. Nikolaus Cusanus bezieht sich an zwei Stellen seines Werkes auf Eckhart und verteidigt ihn gegen den Vorwurf des Pantheismus. Außerdem bezieht er sich auf *Proklos* (412–485), den damaligen Leiter der Platonischen Akademie in Athen, sowie auf Dionysius Areopagita; er steht also ganz im Bannkreis des mystischen Neuplatonismus.

In seiner Schrift vom Nicht-Anderen (*de non aliud*) hat Nikolaus Cusanus das Denken des mystischen Theologen Dionysios Areopagita wie folgt dargestellt:

Dionysius, der Größte unter den Theologen, geht von der Voraussetzung aus, es sei für den Menschen unmöglich, zur Erkenntnis der geistigen Wesen sich zu erheben, ohne die Führung durch die sinnlich wahrnehmbaren Formen. Er ist deshalb der Ansicht, dass die sinnenfällige Schönheit ein Bild der unsichtbaren Schönheit ist. Demnach bezeichnet er die Gegenstände der Sinnenwelt als Gleichnisse oder Bilder der intelligiblen Gegenstände. Von Gott behauptet er, er gehe als Ursprung allen intelligiblen Gegenständen voran. Er wisse von ihm, dass er nichts sei von allem, was Gegenstand des Wissens oder des Begreifens sein kann. So glaubt er, man könne von ihm, den er das Sein von allem nennt, nur das wissen, dass er allem Begreifen vorausliege.[113]

Hier wird in brillanter Weise Platons Ideenlehre dargestellt; außerdem haben wir nochmals die Aussagen einer „negativen Theologie", einer *theologia negativa* vor uns, einer Theologie, die von Gott nicht aussagt, was er *ist*, sondern nur, was er *nicht* ist. Im Übrigen kreist das Denken des Nikolaus Cusanus um Gott als den All-Einen, dem Urgrund allen Seins, in dem auch alle Gegensätze zusammenfallen. Daher steht der Begriff der *coincidentia oppositorum*, des Zusammenfallens der Gegensätze, im Mittelpunkt seiner Lehre.

Cusanus unterscheidet zwischen Vernunft (*intellectus*) und Verstand (*ratio*). Der Verstand kann nur die beschränkten Dinge der relativen Raum-Zeit-Welt erfassen, die er analysiert, vergleicht und zuletzt in ein System bringt. Die Vernunft vermag weit über die Grenzen des Verstandes hinaus den Sachverhalt der Unendlichkeit und der unendlichen Einheit zu erfassen. In diesem unendlichen Einen sieht er alle Gegensätze zusammenfallen, selbst jene, die nach dem aristotelischen Satz vom Widerspruch als sich gegenseitig ausschließend gelten. Diese sich ausschließenden Gegensätze sind für den Verstand nur noch paradox, im Lichte der Vernunft jedoch gleichwertige Teilaspekte der einen großen übergeordneten Wahrheit. Das Unendlich-Eine ist bei Cusanus gleichbedeutend mit Gott, dem fernsten Koordinatenpunkt in der Unendlichkeit, in dem sich alle Parallelen schneiden und in einen einzigen Punkt einmünden. So vertritt Cusanus die All-Einheits-Philosophie, wie schon alle großen Mystiker vor ihm.

Der Impuls der Renaissance

Das plötzliche und unerwartete Aufblühen schöpferischer Gestaltungskräfte des diesseitigen Lebens und der autonomen Persönlichkeit hat sich im Italien des 14. Jahrhunderts zu einer machtvollen geistigen Bewegung ausgewachsen, die bald über ganz Europa ausgriff. Wir kennen diese Bewegung unter dem Namen *Renaissance* und sehen in ihr auch eine Wiedergeburt antiker Mysterienweisheit. Die Bekanntschaft mit den Werken Platons, Plotins und der Hermetik hat zu einer grundlegenden Neubestimmung des Menschen, der Natur und der Kunst geführt, die einen historischen Epochenwechsel – das endgültige Ausklingen des Mittelalters und das Heraufdämmern der frühen Neuzeit – bewirkte.

Der Gedanke zumal, dass der schöpferische Mensch der Gottheit ebenbürtig sei, wurde erst im geistigen Klima der Renaissance möglich, weil erst dort der Mensch jenes Maß an Freiheit, Würde und Selbstwert erhielt, das ihn zur *deificatio*, zur Gottwerdung aus eigener Kraft ermächtigte. Der Mensch der Renaissance – das ist nicht mehr Adam, der Erdgebundene, sondern Prometheus, das einzige Wesen außer Gott, das über eigene kreative Schöpferkraft verfügt.

So trägt die Renaissance etwas Titanisches, Prometheisches, Himmelstürmendes in sich, und gleichzeitig mit dieser Neubestimmung des Menschenwesens kam ein bis dahin unbekanntes Interesse an allem Magischen, Mystischen, Okkulten auf, sodass wir in der Renaissance eine der großen Sternstunden der Esoterik sehen dürfen. Kein Wunder, dass der Überlieferungsstrom alexandrinischer Hermetik in den Tagen der italienischen Renaissance machtvoll durchbrach; der hermetische *Anthropos* wuchs sich hier zum magischen All- und Universalmenschen aus.

So fällt denn auch die erste Druckausgabe des *Corpus Hermeticum* mitten in die Blütezeit der italienischen Renaissance hinein, in das Jahr 1471. Es handelte sich um eine Übersetzung des griechischen Urtextes ins Lateinische, die auf Geheiß des Fürsten Cosimo de Medici von Marsilio Ficino (1433–1499), dem allseits anerkannten Haupt der Platonischen Akademie in Florenz, angefertigt wurde. Ficino sollte daraufhin auch die Werke Platons und die Enneaden Plotins ins Lateinische übertragen und damit der Öffentlichkeit jener Zeit erstmalig zugänglich machen; in Hermes Trismegistos, Platon und Plotin sah er eine Kette geistiger Lehrer, die in ihren Schriften die Grundlagen einer *prisca sapientia* („uralten Weisheit") gelegt hätten, die seiner Meinung nach vollkommen im Einklang mit der christlichen Offenbarung stand. Heidnisches und Christliches konnten sich ungehindert vermischen: sie flossen zusammen in eine esoterische Erlösungsreligion, die typisch ist für das magische Denken der Renaissance.

Ficino's platonische Akademie in Florenz war esoterisch eine hermetische Akademie. Ficino, zutiefst von der Weisheit des Hermes durchdrungen, deutete das Werk Platons esoterisch; zum eigentlichen Platonismus kommt in der Florentiner Akademie immer mystische Erlösungssehnsucht und religiöses Gefühl im Stile des Neuplatonismus hinzu. An Bessarion schrieb Ficino einmal, das Gold, das bei Platon noch von Schlacken bedeckt und nicht zu erkennen sei, erstrahle nach harter Läuterung durch das Feuer erst bei Plotin, Jamblichos und Porphyrios in seiner ganzen Schönheit.

Marsilio Ficino spricht von einer Kette von geistigen Lehrern, die seiner Meinung nach mit Hermes Trismegistos (= Merkur) beginnt und mit Platon endet:

Trismegistus aber, d. h. dreimal größter, nennt man ihn, weil er der größte Philosoph, der größte Priester und der größte König war. (...) Er wandte sich als erster Philosoph von den natürlichen und mathematischen Dingen ab und der Betrachtung des Göttlichen zu. Als erster erörterte er die Majestät Gottes, die Ordnung der Geister und die Veränderungen der Seele mit großer Weisheit. Er wurde der erste Urheber der Theo-

logie genannt. Ihm folgte Orpheus, der den zweiten
Rang unter den Theologen erhielt. In die orphischen
Mysterien wurde Aglaophemos eingeweiht, ihm folgte
in der Theologie Pythagoras, diesem wiederum Philolaos, der der Lehrer unseres göttlichen Platon war. Daher gibt es eine einzige, in sich konsistente ursprüngliche Theologie (*prisca theologia*), aus sechs Theologen in
wunderbarer Weise zusammengewachsen, die ihren
Anfang von Merkur nimmt und ihre Vollendung in
Platon findet.[114]

Die *prisca sapientia*, uralte Weisheit, wird also auch
als *prisca theologia* gedeutet, und als Begründer dieser
Weisheitstradition und Lehrer Platons erscheint hier die
überragende Geistgestalt des ägyptischen Hermes Trismegistos. Ficinos Übersetzung des *Corpus Hermeticum*
muss damals in Europa eine wahre Welle der Hermes-
Begeisterung ausgelöst haben, eine Wiedergeburt des
esoterischen Hermetismus. In der Kathedrale von Siena
findet sich eine Phantasiedarstellung des „Hermes Mer-
curius Trismegistus", und die Inschrift darunter nennt
ihn einen „contemporaneus Moysei", einen Zeitgenossen des Moses. Das Mosaik datiert aus dem Jahre 1488 –
ein Beleg nochmals für die große Popularität des Drei-
malgrößten Hermes in jener Zeit und für das hohe Ansehen, das er selbst in den etabliertesten Kirchenkreisen
offensichtlich genoss.

Die Hermetiker der Renaissance sahen offenbar kein
Problem darin, die hermetische Esoterik mit dem Dog-
ma der katholischen Kirche in Übereinstimmung zu
bringen: Franciscus Patricius versuchte sogar, mit seiner
dem Papst Gregor XIV. gewidmeten Ausgabe der Hermetica, der *Nova de universis philosophia* (1591), die katholische Schulphilosophie des Aristoteles zu verdrän-
gen, da er in der Lehre des Hermes eine der christlichen

viel eher konforme sah. Patricius (eigentlich Francesco Patrizi, 1529–1597) glaubte ebenfalls an eine die Zeitläufe durchdauernde hermetisch-platonische Weisheitstradition, die er allerdings schon mit Zarathustra beginnen ließ (die ihm zugeschriebenen *Chaldäischen Orakel* sind gerade aus dem Griechischen übersetzt worden). Er war der Meinung, die Schriften des Hermes Trismegistos, nicht die des Aristoteles, sollten zum Fundament einer christlichen Erziehung erhoben werden:

> Daher wird es viel besser, christlichen Menschen viel ratsamer und bei weitem nützlicher sein, wenn die Lehren des Hermes eher als die aristotelischen, in denen es überall von großer Gottlosigkeit wimmelt, an den öffentlichen Schulen und in den Klöstern [...] gelehrt werden.[115]

Im Bannkreis der Hermes-Esoterik stand vor allem der im Jahr 1600 auf dem Scheiterhaufen verbrannte Philosoph Giordano Bruno (1548–1600). Auch Bruno kann man wie Ficino einen philosophierenden Hermetiker nennen; er sehnte sich – anstelle des Christentums – die Religion des „allerweisesten ägyptischen Merkur" herbei und vertrat den hermetischen Gedanken einer Seelenwanderung durch alle Lebensbereiche. Der leider schon sehr früh verstorbene Graf Giovanni Pico della Mirandola (1463–1494) hat mit seiner Rede über die Würde des Menschen die entscheidende Programmschrift der italienischen Renaissance verfasst, die weit in die Zukunft hinauswies und bereits die Eckpunkte des neuzeitlichen Menschenbildes legte. In dieser Rede schöpfte er auch aus hermetischen Quellen.

Epilog

Von Alfred North Whitehead (1861–1947), dem großen britischen Philosophen und Mathematiker, Lehrer von Bertrand Russell, ist der Ausspruch überliefert: *„Alle abendländische Philosophie ist als Fußnote zu Platon zu verstehen"*.[116]

In der Tat, die letzten 2500 Jahre der abendländischen Geistesgeschichte sind ohne Platon nicht denkbar, nicht vorstellbar. Alles, was nach Platon kam, war Fußnote, Kommentar dazu, entweder zustimmend oder ablehnend. Das ganze europäische Mittelalter hat sich mit Platon und seinem geistigen Erbe auseinandergesetzt, und der *Universalienstreit* im Hochmittelalter war eine Wegmarke für den weiteren Schicksalsweg des Abendlandes. Die *Realisten* (wie Anselm von Canterbury) folgten den Fußspuren Platons, indem sie glaubten, nur die geistig-göttliche Welt, die Ideenwelt sei real – die *Nominalisten* hielten nur die Einzeldinge für wirklich; damit bereiteten sie den Weg für die Vorherrschaft einer auf sinnlicher Wahrnehmung und Materialismus gegründeten Naturwissenschaft.

Wäre Europa damals dem Weg Platons gefolgt, dann wäre es zur Etablierung einer *spirituellen Kultur des Abendlandes* gekommen; der Weg des Aristoteles, des Nominalismus führte hingegen über diverse Zwischenglieder zu eben jener *säkularen Kultur der Moderne*, wie wir sie jetzt kennen: diesseits-orientiert, materialistisch, auf Technik und Weltbeherrschung ausgerichtet.

Zwar hat es in den ganzen letzten 2500 Jahren der Geistesgeschichte immer diese platonische, neuplatonische, spirituelle Strömung gegeben, die Mystiker, Theosophen, Hermetiker, aber sie blieben in der Minderheit, konnten nichts ausrichten an dem Schicksalsweg des Abendlandes, der eben ein Weg der Involution – in die Materie hinein – sein sollte. Es hat einen Platon gegeben, einen Orpheus, einen Hermes Trismegistos, aber ihre Stimmen verhallten ungehört; es hat einen Christus-Impuls gegeben, aber die Welt hat ihn nicht in sich aufgenommen.

Man könnte auch einen Vergleich mit der Kulturgeschichte Chinas heranziehen: Da ist auf der einen Seite *Lao-Tse* mit seinem Taoismus, ein vom Geist erfüllter Mystiker – und auf der anderen die Schule des *Konfuzius*, mehr eine Morallehre als eine Religion, ganz diesseitig, weltlich, praktisch ausgerichtet, Grundlage eines repressiven und intoleranten Feudalsystems. In diesem Sinne könnte man Lao-Tse mit Platon, Konfuzius mit Aristoteles vergleichen; und der Konfuzianismus sollte zur beherrschenden Macht in der Geschichte Chinas werden. Die Anhänger des Taoismus blieben auf wenige Einsiedler-Mönche beschränkt, die am Weltlauf nichts ändern konnten.

Ähnlich hat es im Abendland die wenigen meditierenden Mönche gegeben, die der Spur des Neuplatonismus gefolgt sind. In der Tat könnte man fragen: Hat das Abendland Platon eigentlich jemals verstanden? Und hat es verstanden, dass die geistigen Inhalte Platons nicht durch Intellektdenken, sondern nur durch *geistige Schau* erfasst werden können? Es gibt den berühmten *Siebenten Brief* von Platon, in dem er bekennt, dass seine eigentliche geistige Schau noch weit über das hinausgeht, was er seinen schriftlichen Werken anvertraut hat. Über den inneren esoterischen Kern seiner Lehre sagt er: „Von mir selbst gibt es keine Schrift über diese Gegenstände, noch dürfte eine solche erscheinen; derartiges lässt sich in keiner Weise wie andere Lehren in Worte fassen, sondern bedarf langer Beschäftigung mit dem Gegenstande und des Hineinlebens in denselben; dann aber ist es, als ob ein Funke hervorspringe und ein Licht in der Seele entzündete, das nun sich selbst erhält."[117]

Dies wirft die Frage nach der *ungeschriebenen Lehre Platons*[118] auf. Es ist die Frage: Gibt es einen esoterischen Kern seiner Lehre, den Platon nicht der Öffentlichkeit, sondern nur einem kleinen Schülerkreis – und zwar nur mündlich – mitgeteilt hat? Meiner Meinung nach ist diese Frage eindeutig mit Ja zu beantworten. Von „ungeschriebenen Lehren" Platons (ἄγραφα δόγματα *ágrapha dógmata*) berichtet bereits sein Schüler Aristoteles. Die mündliche Wiedergabe von Lehren an einen ausgewählten Kreis war außerdem ein fester Bestandteil der westlichen Einweihungstradition. Diese Praxis war auch bei den Pythagoreern und Orphikern, erst recht bei den indischen Brahmanen üblich.

In diesem Zusammenhang wird oft erwähnt, dass Platon einmal eine Rede *Über das Gute* gehalten habe, in der auch Elemente seiner „inneren Lehre" zur Sprache kamen. Er kam dort auf die Urprinzipien des Seins zu sprechen, auf das Erste und Eine, von dem Alles seinen Anfang nahm, und auf die ursprüngliche Zweiheit, die Dyas, die zur Ausdifferenzierung der Ideen führte. Dies alles wurde in Form einer okkulten Zahlenmystik dargestellt und stieß daher bei den Zuhörern weitgehend auf Unverständnis. Aber vergessen wir nicht, dass im Zentrum von Platons Denken weder die geschriebene Ideenlehre noch eine ungeschriebene Lehre steht, sondern eine „unsagbare" religiöse Erfahrung, eine Theophanie des Gottes Apollon.[119]

Bibliographie zu Platon

Textausgaben

Platon, *Hauptwerke*, ausgewählt und eingeleitet von Wilhelm Nestle, Leipzig 1931.

Platon, *Mit den Augen des Geistes*, Frankfurt 1955.

Platon, *Sokrates im Gespräch*, Frankfurt 1955.

Platon, *Der Staat*, dt. von A. Horneffer, Stuttgart 1973.

Platon, *Sämtliche Werke*, 3 Bände, Wiesbaden 2001.

Einführungen

Gernot Böhme: *Platons theoretische Philosophie*, Stuttgart 2000.

Michael Bordt: *Platon*. Freiburg 1999.

Karl Bormann: *Platon*. 4. Auflage, Freiburg 2003.

Michael Erler: *Platon*. Beck, München 2006.

Herwig Görgemanns: *Platon*, Heidelberg 1994,

Franz von Kutschera: *Platons Philosophie*. 3 Bände, Paderborn 2002.

Uwe Neumann: *Platon*, Reinbek 2001.

Georg Römpp: *Platon*, Köln 2008.

Thomas A. Szlezák: *Platon lesen*, Stuttgart-Bad Cannstatt 1993.

Thomas A. Szlezák: *Platon: Meisterdenker der Antike*, München 2021.

Barbara Zehnpfennig: *Platon zur Einführung*. 4. ergänzte Auflage, Hamburg 2011.

Wirkungsgeschichte

Werner Beierwaltes (Hrsg.): *Platonismus in der Philosophie des Mittelalters*, Darmstadt 1969 (*Wege der Forschung*. Band 197).

Gerda von Bredow, *Platonismus im Mittelalter*, Freiburg 1972.

H. Dörrie, M. Baltes, C. Pietsch: *Der Platonismus in der Antike. Grundlagen – System – Entwicklung*. Bände 1–7/1, Stuttgart-Bad Cannstatt 1987–2008.

S. Föllinger, Gyburg Radke-Uhlmann: *Platon*. In: Christine Walde (Hrsg.): *Die Rezeption der antiken Literatur. Kulturhistorisches Werklexikon* (= *Der Neue Pauly. Supplemente*. Band 7). Stuttgart/Weimar 2010.

James Hankins: *Plato in the Italian Renaissance*, Leiden 1994.

Raymond Klibansky: *The Continuity of the Platonic Tradition during the Middle Ages*, New York 1982.

Theo Kobusch, Burkhard Mojsisch (Hrsg.): *Platon in der abendländischen Geistesgeschichte*, Darmstadt 1997.
František Novotný: *The Posthumous Life of Plato*, Den Haag 1977.

Arbogast Schmitt: *Die Moderne und Platon. Zwei Grundformen europäischer Rationalität. 2.* Auflage, Stuttgart 2008.
Karl Popper, *Die offene Gesellschaft u. ihre Feinde. Der Zauber Platons*, Tübingen 2003

Anmerkungen und Zitate

[1] Edouard Schuré, *Die großen Eingeweihten*, München 1989, S. 329-30.
[2] Ralph Waldo Emerson, *Repräsentanten der Menschheit*, Zürich 1987, S. 43.
[3] Platon, *Mit den Augen des Geistes*, Frankfurt 1955, S. 199/200 (der 7. Brief, 341 B).
[4] Platon, *Hauptwerke*, ausgewählt und eingeleitet von W. Nestle, Leipzig 1931, S. 59.
[5] Platon, *Mit den Augen des Geistes*, Frankfurt 1955, S. 89.
[6] Platon, *Der Staat*, deutsch von August Horneffer, Stuttgart 1973, S. 226.
[7] *Kratylos* 400 B.
[8] *Die Vorsokratiker*. Ausgewählt und eingeleitet von Wilhelm Nestle, Wiesbaden 1979, S. 19 [Vorwort]
[9] Thassilo von Scheffer, *Hellenische Mysterien und Orakel*, Stuttgart 1948, S. 101,ff.
[10] Zt. nach Robert von Ranke-Graves, *Griechische Mythologie*, Band 1, Hamburg 1960, S. 25.
[11] *Die großen Mythen der Menschheit – Götter und Dämonen*, ausgewählt und eingeleitet von Rudolf Jockel, Augsburg 1990, S. 91.
[12] Platon, *Der Staat*, dt. v. A. Horneffer, Stuttgart 1973, S. 330.
[13] Jamblichos, *Pythagoras – Legende, Lehre, Lebensgestaltung*, hg. v. Michael von Albrecht, Zürich-Stuttgart 1963, S. 153,ff.
[14] *Die Vorsokratiker*. Ausgewählt und eingeleitet von Wilhelm Nestle, Wiesbaden 1979, S. 151,ff.
[15] Rudolf Steiner, *Theosophie*, Dornach 1962, S. 96.
[16] Platon, *Timaios* 22 B.
[17] Platon, *Timaios* 20 D.
[18] *Kritias* 108 E.
[19] *Kritias* 188, A-E.
[20] *Timaios* 24 E-25 A.
[21] *Phaidros* 250 B-C.

22 Zt. nach Marion Griebel, *Das Geheimnis der Mysterien*, Zürich-München 1990, S. 38.

23 Homer, *Hymnos an Demeter*, 478–482.

24 Emerson, *Repräsentanten der Menschheit*, S. 56.

25 Zt. nach Hans Joachim Störig, *Kleine Weltgeschichte der Philosophie*, München / Zürich 1963, S. 151.

26 Ebenda.

27 *Apologie* 31 B – 32 A.

28 K. O. Schmidt, *In Dir ist das Licht*, München 1959, S. 74.

29 Wilhelm Windelband / Heinz Heimsoeth, *Lehrbuch der Geschichte der Philosophie*, 14. Aufl. Tübingen 1950, S. 98-99.

30 Platon, *Der Staat*, S. 221.

31 *Die Anfänge der abendländischen Philosophie. Fragmente der Vorsokratiker*, übersetzt und erläutert von Michael Grünwald, München 1991, S. 81.

32 Helena Petrowna Blavatsky, *Die Geheimlehre*, Band 1: *Kosmogenesis*, Den Haag o.J., S. 115.

33 *Symposion* 211 C – 212 B.

34 J. W. Goethe, *Anschauendes Denken. Schriften zur Naturwissenschaft*, hg. v. Horst Günther, Frankfurt 1981 [it 550], S. 151/52.

35 Zt. nach Bruno Nardini, *Michelangelos esoterische Weisheit*, Stuttgart 1985, S. 9.

36 Platon, *Politeia* VII, 514-17

37 G. Mensching, *Buddhistische Geisteswelt*, Wiesbaden o. J. S. 65.

38 H. P. Blavatsky, *Die Geheimlehre*, Band 1, S. 298-99.

39 Platon, *Politeia* VII 117 C – 118 D

40 F. W. J. Schelling, *Ausgewählte Werke*, S. 632.

41 *Die Vorsokratiker*, ausgew. v. W. Nestle, S. 139.

42 *Die Gesetze* [Nomoi] 959.

43 *Phaidon* 66 B.

44 *Timaios* 41,D-E.

45 *Phaidros* 245 C – 246 A.

46 *Phaidros* 246 A.

47 *Phaidros* 246 E

48 *Phaidros* 247 D.

49 *Gorgias* 523 A.

50 Platon, *Der Staat*, S. 352 / 353.

51 Ebenda, S. 354.

52 Platon, *Sokrates im Gespräch*, S. 174.

53 *Phaidon* 107 D

54 Johannes Hirschberger, *Geschichte der Philosophie*, Band 1, Lizenzausgabe für Zweitausendeins, o. J., S. 124.

55 *Phaidros* 249 B.

56 *Die Anfänge der abendländischen Philosophie*, S. 47.

57 Ebenda, S. 62.

58 *Die Vorsokratiker*, S. 140-41.

59 Cäsar, *De Bello Gallico*, VI / 14.

60 *Timaios* 29 A.

61 *Timaios* 30, B-C.

62 *Timaios* 37 C.

63 H. J. Störig, *Kleine Weltgeschichte der Philosophie*, S. 149.

64 Platon, *Der Staat*. Deutsch von A. Horneffer, Stuttgart 1973, S. 133.

65 Ebenda, S. 132.

66 Ebenda.

67 Ebenda, S. 111.

68 Ebenda, S. 112.

69 Störig, a.a.O., S. 150.

70 Platon, a.a.O., S. 134.

71 Ebenda, 133.

72 Olof Gigon in der Einleitung zu: Aristoteles, *Politik*, München 1976, S.14.

73 Wilhelm Windelband, *Lehrbuch der Geschichte der Philosophie*, Tübingen 1950, S. 107,f.

74 Rudolf Steiner, *Die Kernpunkte der sozialen Frage*, Dornach 1961, S. 47-48.

75 Aristoteles, *Politik*, München 1976, S. 50.

76 O. Gigon in der Einleitung zu Aristoteles, *Politik*, S. 15.

77 Harrie Salman, *Valentin Tomberg und das Schicksal der platonischen Strömung in der Anthroposophie*, Steinbergkirche-Neukirchen 2021, S. 161.

78 Hermann Poppelbaum, *Im Kampf um ein neues Bewusstsein*, Freiburg 1948, S. 110-111.

79 Johannes Hirschberger, *Geschichte der Philosophie*, Band 1, Lizenzausgabe für Zweitausendeins, Frankfurt o.J. S. 301.

80 Plotin, *Ausgewählte Schriften*, Stuttgart 1973, S.

81 *Die Geheimlehre* Band III S. 10.

82 Ebenda S. 11-12.

83 *Die Geheimlehre* Band III S. 310.

84 Ebenda, S. 310.

85 Plotin, *Ausgewählte Schriften*, S. 14.

86 Ebenda, S. 8.

87 Ebenda, S. 150.

88 K. O. Schmidt, *In Dir ist das Licht*, München 1959, S. 39.

89 Die Hermetica zitiere ich nach der von mir selbst übersetzen Textausgabe: Manfred Ehmer, *Das Corpus Hermeticum. Übersetzung und Kommentar*, 3. Aufl. Hamburg 2021 (Band 7 der Reihe *edition theophanie*), ebd. S.

90 Ebenda, S. 146-47.

91 Ebenda, S. 89.

92 Ebenda, S. 90.

93 Ebenda, S.

94 *Timaios* 40 b.

95 *Das Corpus Hermeticum*, S. 131.

96 Ebenda, S. 132.

97 *Timaios* 90 E – 92 C.

[98] F. Cumont, *Oriental Religions in Roman Paganism*, S. 279.

[99] W. Theiler, *Die Chaldäischen Orakel und die Hymnen des Synesios*, S. 252.

[100] F. Cremer, *Die Chaldäischen Orakel und Jamblich de mysteriis*, S. 20.

[101] Dante Alighieri, *Die Göttliche Komödie*, übers. Von Otto Gildemeister, Essen / Stuttgart 1983, S. 515 f.

[102] Zt. nach Kurt Flasch (Hrsg), *Geschichte der Philosophie in Text und Darstellung*, Bd. 2: Mittelalter, Stuttgart 1982, S. 142.

[103] Ebenda, S. 147.

[104] Angelus Silesius, *Der Cherubinische Wandersmann*, S. 15.

[105] Johannes Scotus Erigena, Ludwig Noack (Übers.): *Über die Eintheilung der Natur*, Berlin 1870, Erste Abtheilung, S. 3 f.

[106] Ebenda, S. 128.

[107] Ebenda, S. 191.

[108] Wilhelm Windelband, *Lehrbuch der Geschichte der Philosophie*, S. 250.

[109] Meister Eckhart, *Deutsche Predigten und Traktate*, hrsg. und übers. Von Josef Quint, 4. Aufl. München 1977 S. 60.

[110] Meister Eckhart, *Vom Wunder der Seele*, hrsg. Von Alfred Schmid Noerr, Stuttgart 1977, S. 28.

[111] Ebenda, S. 63 f.

[112] Ebenda, S. 70.

[113] Nikolaus von Kues, *Vom Nichtanderen*, Hamburg 1976 [Philosophische Bibliothek Bd. 232], S. 45.

[114] Zt. nach Florian Ebeling, *Das Geheimnis des Hermes Trismegistos*, München 2005, S. 91-92.

[115] Ebenda, S. 99.

[116] Alfred North Whitehead, *Prozess und Realität (Process and Reality)*, Teil II, Kapitel 1, Abschnitt 1, Seite 91

[117] Platon, *Mit den Augen des Geistes*, Frankfurt 1955, S. 199/200 (der 7. Brief, 341 B).

[118] Konrad Gaiser: *Platons ungeschriebene Lehre*. 3. Auflage. Stuttgart 1998

[119] Christina Schefer: *Platons unsagbare Erfahrung*. Basel 2001

Dr. Manfred Ehmer

Dr. Manfred Ehmer hat sich als wissenschaftlicher Sachbuchautor darum bemüht, die großen kulturgeschichtlichen Zusammenhänge aufzuzeigen und die archaischen Weisheitslehren für unsere Zeit neu zu entdecken. Mit Werken wie *Die Weisheit des Westens*, *Gaia* und *Heilige Bäume* hat sich der Autor als gründlicher Kenner der westlichen Mysterientradition erwiesen, mit *Das Corpus Hermeticum* einen Grundtext der spirituellen Philosophie vorgelegt. Die von ihm übersetzten *Chaldäischen Orakel* sind als ein wichtiges Dokument abendländischer Magie zu werten. Daneben steht eigene Dichtung, in dem Band *Sphärenharfe*, sowie lyrische Nachdichtungen etwa des berühmten *Hyperion* von John Keats oder des vedischen *Hymnus an die Mutter Erde*. Besuchen Sie den Autor auf seiner Internetseite:

https://www.manfred-ehmer.net

Was ist Theophanie?

Der Begriff *Theophanie* bedeutet die Erscheinung eines Gottes – seine Manifestation in der Natur und in der Menschenwelt. Die Religionsgeschichte ist voll von Theophanien; wenn Jahwe dem Moses einst im brennenden Dornbusch erscheint, wenn Christus als der Auferstandene sich seinen Jüngern zeigt, wenn Krishna dem Arjuna in seiner wahren Gestalt entgegentritt – dann sind dies Glieder in einer endlosen Kette von Theophanien, die seit Anbeginn die Menschheit in ihrer Entwicklung begleitet haben. Im Laufe der Kulturentwicklung sieht man immer wieder, in welch vielfältigen Erscheinungsformen die Götter sich den Menschen kundgetan haben. Und letzten Endes ist die ganze Welt doch eine einzige große Theophanie, eine Manifestation Gottes.

Der Theophania Verlag stellt sich vor

Theophania bedeutet „die Erscheinung Gottes" (von altgriechisch theós/θεός = Gott + phainein/φαίνειν = erscheinen /ans Licht bringen/offenbaren).

Der Theophania Verlag möchte in seinen Publikationen aufzeigen, in welchen Erscheinungsformen sich Gott oder die Götter in der Menschheits-Geschichte offenbart haben. Die thematischen Schwerpunkte des Verlages sind Hermetik, Neuplatonismus, die westliche Mysterientradition, Theurgie und Theosophie.

Daneben gibt es die Schwerpunkte spirituelle Ökologie, Geomantie, Kultplätze, Traditionen der Naturreligion und der Mutter-Erde-Verehrung in Europa. Einen weiteren Unterschwerpunkt stellen Übersetzungen und lyrische Nachdichtungen dar.

Unsere Buchreihe *edition theophanie* ist in erster Linie der hermetisch-neuplatonischen Tradition geweiht. Sie versucht, dieses gewaltige Erbe des Abendlandes aufzuarbeiten und in die Geisteskultur der Gegenwart einfließen zu lassen.

Dank einer Kooperation mit einem sehr effizienten Dienstleister sind wir in der Lage, den Buchmarkt flächendeckend zu bedienen. Ob im nächsten Buchladen, bei den großen Filialisten oder in Online-Shops, die Bücher aus unserer Produktion sind überall zu finden. Sie sind in den wichtigsten Volltextsuchen und im Verzeichnis lieferbarer Bücher (VLB) angezeigt. Alle Bücher aus unserem Verlagsprogramm sind in den drei Formaten Softcover, Hardcover und E-Book verfügbar.

Wir sind allerdings kein Autorenverlag. Angehende Autoren wollen wir bitten, uns nicht Manuskripte zur Veröffentlichung zuzusenden.